Josef Kirschner:

So macht man auf sich aufmerksam

Fünfzehn Übungen, wie man aus dem Schatten tritt

Knaur

16/63

Josef Kirschner beschäftigt sich seit über 30 Jahren mit der Frage: »Was kann jeder von uns selbst tun, um an jedem Tag seines Lebens ein Höchstmaß an persönlichem Glück und Erfolg zu erringen?«

Lebensstrategien und Verhaltenstechniken, die er seinen Lesern empfiehlt, hat er in diesen Jahren mit maximalem Erfolg an sich selbst erprobt. Er war Magazinarbeiter, Reporter, Chefredakteur. Er besuchte als Gast Henry Kissingers die amerikanische Harvard University und wahr Lehrbeauftragter an der Universität in Wien.

Kirschner präsentierte in der erfolgreichen österreichischen Sendereihe »Tritsch Tratsch« eine neue Form der Fernsehunterhaltung. Als er nach 50 Sendungen zum Bedauern des Publikums abtrat, meinte er: »Wenn man eine Sache zum Höhepunkt gebracht hat, sollte man nach neuen Herausforderungen suchen.«

Josef Kirschner, Jahrgang 1931, verheiratet, Vater von zwei Söhnen, lebt in Wien und auf einem kleinen Bauernhof im Burgenland. Er berät Leistungssportler, Manager und Medien. Mit Psychologen gründete er in dem Kurort Bad Tatzmannsdorf eine »Lebensschule«. Dort trainiert er in Seminaren mit den Teilnehmern das glückliche Leben im Alltag und Techniken der Problembewältigung.

Josef Kirschners Bücher wurden bis jetzt in sechs Ländern verlegt und erreichten eine Gesamtauflage von über zwei Millionen Exemplaren.

Von Josef Kirschner sind als Knaur-Taschenbücher erschienen:

»Manipulieren – aber richtig« (Band 7442)
»Die Kunst, ein Egoist zu sein« (Band 7549)
»Hilf dir selbst, sonst hilft dir keiner« (Band 7610)
»Die Kunst, ohne Überfluß glücklich zu leben« (Band 7647)
»Die Kunst, ohne Angst zu leben« (Band 7689)
»So wehrt man sich gegen Manipulation« (Band 7717)
»So lernt man, sich selbst zu lenken« (Band 7718)
»So hat man mehr Spaß am Sex« (Band 7719)
»So plant man sein Leben richtig« (Band 7720)
»So lebt man glücklich – ohne Heirat« (Band 7740)

Originalausgabe 1987

Umschlaggestaltung Adolf Bachmann, Reischach
Gesamtherstellung Ebner Ulm
Printed in Germany 5 4 3 2 1
ISBN 3-426-07741-8

Lieber Leser!

Frustriert und unbeachtet, fristen ungezählte, großartige, fleißige und im Grunde genommen fröhliche Menschen ein Leben im Hintergrund.

Sie möchten entdeckt werden, aber sie wissen nicht, was sie dafür tun können. Sie möchten anerkannt werden, aber sie haben Angst davor, bei irgend jemandem anzuecken. Manche Menschen scheuen sogar davor zurück, ihre Wünsche offen zur Schau zu tragen.

In fast jedem von uns stecken ungeahnte Fähigkeiten. Wir wissen oder ahnen es. Aber wir machen nichts daraus, oder viel zu wenig.

Und wissen Sie, warum?

Vorwiegend aus folgenden drei Gründen:

- Wir haben uns von anderen Leuten lange genug einreden lassen, daß wir nichts sind und nichts können und eigentlich mit dem zufrieden sein müßten, was man uns tun läßt.

- Wir sind bei einigen Bemühungen gescheitert, uns der Umwelt gegenüber besser durchzusetzen. Seither haben wir uns damit abgefunden, daß wir eben doch nur einen Bruchteil davon haben können, was wir von unserem Leben erwarten.

- Wir glauben daran, daß wir gut sind, aber wir waren bisher nicht imstande, dies anderen Leuten überzeugend klarzumachen. Wir kamen gar nicht an sie heran. Oder wir blieben unbeachtet. Wir können uns den anderen nicht richtig *verkaufen*.

Wir alle kennen Situationen wie diese:

Wir möchten jemandem etwas Unangenehmes sagen, aber wir wissen nicht, wie wir das Gespräch beginnen sollen.

Wir möchten jemanden kennenlernen, aber uns fehlt der Mut zum ersten Schritt.

Wir möchten unsere Meinung sagen, aber wir haben Angst davor, uns zu blamieren.

Letzten Endes geht es fast immer darum, daß wir jemanden auf uns aufmerksam machen und ihn schließlich dazu bringen, das für uns zu tun, was wir von ihm erwarten.

Im Grunde genommen ist dies nichts anderes als ein Vorgang des richtigen Verkaufens. Wir selbst sind das Produkt, und es liegt an uns, dieses Produkt mit der bestmöglichen Verpackung zu versehen und wirkungsvoll an den Mann zu bringen.
Dieses Sich-Selbst-Verkaufen ist erlernbar. Vorausgesetzt, wir überwinden die Selbstverleugnung, die uns von Kindheit an anerzogen wurde. Man wurde nicht müde, uns einzureden: »Sei zurückhaltend und bescheiden. Laß immer anderen den Vortritt. Dränge dich nicht ins Rampenlicht.«
Wer damit glücklich ist, immer schön bescheiden im Hintergrund zu bleiben, unbeachtet und ohne Anerkennung, für den ist dieser Ratgeber nicht geschrieben. Er wendet sich vielmehr an Menschen, die nach ein paar praktischen Anregungen suchen, in ihrem Leben einen Schritt zu meistern, den sie immer schon machen wollten, von dem sie aber nie recht wußten, wie er zu bewältigen ist.

Sie finden auf den folgenden Seiten 15 Anregungen, Beispiele und Übungsanleitungen, sich Ihrer Umwelt gegenüber besser zu »verkaufen«.
Es sind weder Wunderrezepte, noch wird ein Erfolg garantiert. Für den Erfolg, allerdings auch für den Mißerfolg, sind Sie selbst verantwortlich.

Wir wünschen Ihnen viel Spaß an dieser weiteren Beschäftigung mit sich selbst und der Lösung Ihrer Alltagsprobleme.

Fünfzehn Anregungen, auf sich aufmerksam zu machen

1. Fällen Sie die Entscheidung, aus dem Schatten herauszutreten und – wenn es sein muß – bei anderen anzuecken.

2. Stellen Sie zum richtigen Zeitpunkt die richtige Frage.

3. Interessiert zuzuhören, beeindruckt manchmal mehr als hundert schöne Worte.

4. Wenden Sie das Manipulationsgesetz der steten Wiederholung an.

5. Setzen Sie der Einordnung Ihren eigenen Wunsch entgegen. Ein Kompromiß ist besser als bedingungsloses Nachgeben.

6. Geben Sie dem anderen, was er braucht, damit er Ihnen gibt, was Sie von ihm erwarten.

7. Erinnern Sie sich an jemanden, wenn sonst keiner an ihn denkt.

8. Sagen Sie Ihre Meinung geradeheraus, statt hundert Wenn und Aber zu überlegen.

9. Machen Sie das scheinbar Selbstverständliche zu Ihrem großen Verkaufsschlager.

10. Unterschätzen Sie nicht das geschriebene Wort.

11. Je mehr Details Sie über den anderen wissen, um so mehr beeindrucken Sie ihn.

12. Der Anreiz zum Wettbewerb, bei dem der andere gewinnt.

13. Gestehen Sie einen Fehler ein, bis Ihr größter Gegner Sie tröstet.

14. Wenden Sie das Manipulationsgesetz der qualitativen Verstärkung an.

15. Am stärksten beeindrucken Sie andere, wenn Sie zum richtigen Zeitpunkt verzichten können.

Wie Sie aus diesem Leitfaden den größten Nutzen für sich ziehen

Sie finden auf den folgenden Seiten 15 Möglichkeiten, auf sich aufmerksam zu machen.

Zwei Dinge sollten Sie dabei wissen:

Erstens:

Versuchen Sie nicht, eifrig und pflichtbewußt Punkt für Punkt zu befolgen. Lesen Sie vielmehr den Inhalt erst einmal vollständig durch. Dann greifen Sie jene drei, vier oder fünf Kapitel heraus, bei denen Sie von Anfang an das Gefühl hatten: »Ja, das finde ich gut. Das möchte ich machen.« Schreiben Sie sich die Titel dieser Anregungen auf einen Zettel, Block oder in ein eigenes Arbeitsheft.

Überlegen Sie, mit welcher Sie anfangen wollen.

Wählen Sie diejenige Anregung aus, die Ihnen vermutlich bei der Verwirklichung im Alltagsleben am leichtesten fällt.

Zweitens:

Vergessen Sie nicht, daß alles, was wir lernen möchten, zwei entscheidende Voraussetzungen braucht:

- Wir müssen uns damit identifizieren. Dies bedeutet, sich nicht zu sagen: »Na ja, ich versuche es halt einmal«, sondern: »Ich mache es so gut, wie ich kann, um den größten Nutzen für mich daraus zu ziehen.«

- Wir müssen jeden Lernvorgang als eine Übungsfolge sehen. Das heißt: Wir machen einen Versuch, analysieren ihn und machen einen weiteren Versuch, und so weiter.

Vor allem aber ist es wichtig, die Ausrede aus unserem Sprachgebrauch zu verbannen: »Ich habe es ja versucht, aber ich schaffe es eben nicht.« Wenn wir ein Ziel ins Auge gefaßt haben, ist der Weg dorthin erst zu Ende, wenn das Ziel erreicht ist.

Unzählige Menschen erfüllen sich ihre schönsten Wünsche und Vorstellungen nur deshalb nie, weil sie zu ungeduldig sind. Sie geben sich mit Versuchen zufrieden. Was im Leben allerdings allein zählt, ist das Resultat.

Hier ist die Grundlage des Übungsprinzips: »Ich übe so lange und so ernsthaft, bis das vorgefaßte Ziel erreicht ist.« Und weiter: »Der Sinn des Übens besteht darin, eine Fähigkeit so lange geistig und praktisch vorwegzunehmen, bis sie im entscheidenden Augenblick ganz von selbst passiert.«

Üben bedeutet auch: Sich Schritt für Schritt die Fähigkeiten anzueignen, die zur Erreichung des Zieles notwendig sind.

Jedes Üben bedarf darüber hinaus der Kontrolle.

Kontrolle ist allerdings nur wirklich sinnvoll, wenn sie schriftlich erfolgt.

Wenn Sie sich also beispielsweise dazu entschließen, die Anregung 3 – »Interessiert zuzuhören, beeindruckt manchmal mehr als hundert schöne Worte« – in der Alltagspraxis zu verwirklichen, sollten Sie einen schriftlichen Übungsplan erstellen.

Ein Übungsplan besteht aus folgenden drei Elementen:

- Terminisierung
- Tägliche Zielsetzung
- Tägliche Auswertung

Auf Ihrem Übungsplan könnte also stehen:

1. Tag

- *Übung und Zielsetzung:*

Wenn ich heute aus dem Geschäft nach Hause komme und meine Frau erzählt mir von ihren Problemen, höre ich ihr erst einmal zu, ohne sie ein einziges Mal zu unterbrechen. Egal, was sie mir sagt, ich höre es mir interessiert an und werde nicht ungeduldig. Ich erzähle nichts von meinen Sorgen, sondern höre mir nur die ihren geduldig an. Abschließend gebe ich ihr zu verstehen, daß ich sie verstehe. Und das zeige ich ihr auch.

- *Auswertung:*

a) Habe ich getan, was ich mir vorgenommen habe?

Ja/Nein

b) Wie hat sie auf mein Verhalten reagiert?

c) Bin ich meiner Absicht, sie wieder mehr auf mich und meine Qualitäten aufmerksam zu machen, näher gekommen?

Ja/Nein

d) Was habe ich richtig, was habe ich falsch gemacht?

Dies ist das Beispiel eines schriftlichen Übungsplanes für den ersten Tag. Benützen Sie dafür einen Block oder ein Heft. Verwenden Sie für jeden Tag eine eigene Seite, damit dieses Übungsprotokoll übersichtlich wird.

Wichtig dabei ist: Legen Sie als erste Übungsperiode nicht weniger als eine Woche fest. Schreiben Sie die Zielsetzungen möglichst schon im voraus in Ihr Übungsheft ein.

Wenn Sie sieben Zielsetzungen festgelegt haben, entsteht für Sie dadurch eine Motivation, sie auch zu erfüllen.

Lassen Sie es uns noch einmal deutlich sagen: Die vorliegenden 15 Anregungen, auf sich aufmerksam zu machen, nützen Ihnen wenig, wenn Sie sie einmal durchlesen und sich bloß vornehmen, den einen oder anderen Hinweis irgendwann einmal zu befolgen. Was man »irgendwann einmal« tun will, verwirklicht man meistens nie.

Entscheiden Sie sich vielmehr für einen konkreten schriftlichen Übungsplan, um das Beste aus den vorliegenden Anregungen für sich zu machen. Das beste Ihnen Mögliche. Denn der Kauf dieses Ratgebers hat sich für Sie erst rentiert, wenn sich nach ein paar Wochen in Ihrem Leben etwas verändert hat. Eine Veränderung zum Besseren bedeutet, daß Sie sagen können: »Wenn ich will, daß jemand mich beachtet, kann ich ihn jetzt auch dazu bringen.«

Erste Anregung

Fällen Sie die Entscheidung, aus dem Schatten herauszutreten und – wenn es sein muß – bei anderen anzuecken

Ungezählte Menschen erfüllen sich ihre schönsten Wünsche nur deshalb nicht, weil tief in ihrem Unterbewußtsein der Merksatz verankert ist: »Das tut man doch nicht, was würden denn da die anderen sagen.«

Was man »nicht tut«, weil es sich »nicht gehört«, ist unter anderem:

- Sich in den Vordergrund drängen
- Jemandem lästig sein
- Egoistisch seinen eigenen Vorteil zum Nachteil anderer verfolgen
- Jemand anderen zu unserem eigenen Vorteil unter Druck setzen
- Jemanden zu unserem eigenen Vorteil zu bluffen
- Andere manipulieren

Manche Menschen verspüren sogar schon ein Unbehagen, wenn sie aufgefordert werden: »Mensch, verkaufe dich doch besser.« Dabei leben wir in einer Welt, in der wir einzelne von gewieften Profis ständig manipuliert, geblufft, belogen und unter Druck gesetzt werden.

Oder ist es vielleicht keine Lüge, wenn uns eine Firma im Fernsehen ihr Produkt als fehlerlos anpreist? Natürlich ist es Bluff und Lüge. Weil ja kein Produkt fehlerlos sein kann.

Aber man will uns etwas verkaufen, und dabei gilt es schon längst nicht mehr als unmoralisch, uns zu belügen.

Verkauft werden uns nicht nur Produkte. Man versucht auch, uns tagein tagaus Ideologien, Politiker oder Ideale anzudrehen, indem man an unsere Gefühle, unsere Ängste und unser Mitleid appelliert.

Alle, die uns zu ihrem Vorteil manipulieren möchten, versuchen es auf vielen Wegen. Mit dem Holzhammer – »Wir sind die Besten, du brauchst uns!«

Mit der Erpressung – »Willst du deine Familie im Stich lassen? Wenn du ein guter Vater bist, mußt du für deine Lieben rechtzeitig vorsorgen.« Oder indem sie uns tausende Male ins Gewissen reden, was gut ist, was wir kaufen müssen, wie wir zu denken haben.

Allen diesen Einflüssen sind wir ein Leben lang ausgesetzt. Und da sollten wir selbst uns und unsere Fähigkeiten *nicht* verkaufen dürfen?

Der erschreckendste Satz, den ein Mensch über sich sagen kann, lautet: »Ich weiß ja ganz genau, was ich tun möchte, aber man läßt mich nicht.« Oder: »Ich habe es ja versucht, aber man gibt mir keine Chance.«

Wer ist »man«?

»Man« ist die Ausrede für die Unfähigkeit, unser Ziel ins Auge zu fassen, den richtigen Partner ins Visier zu nehmen und ihm dann gezielt das zu verkaufen, was wir ihm verkaufen möchten: Uns. Und dies von unserer besten Seite.

Ist es nicht selbstverständlich, daß wir beim Verkaufen unserer Fähigkeiten, Wünsche, Begeisterung und Eigenschaften genauso vorgehen, wie es uns die Werbung täglich an uns selbst vorexerziert?

Die wichtigste Voraussetzung dafür heißt: Sei gut und rede so lange darüber, bis es alle wissen, die es wissen sollen. Anstelle der uns von Kindheit eingelernten Maximen:

- »Rede nur, wenn man dich fragt« oder
- »Sei bescheiden und dränge dich nicht vor.«

Wenn Ziel und Sinn unseres Lebens darin bestehen, uns zu erfüllen, Anerkennung, Glück und Erfolg zu haben, dann müssen wir eine eindeutige Entscheidung fällen.

Sie lautet:

»Ich will mein eigenes, persönliches Leben leben und nicht bloß das Leben, das andere mich führen lassen. Deshalb darf ich nicht warten, was für mich übrigbleibt. Ich muß aus dem Schatten heraustreten und andere davon überzeugen, daß ich gut bin, daß sie mich brauchen und daß sie mir dabei helfen, meine Wünsche und Ziele zu erfüllen.«

»Ist das nicht egoistisch, unmoralisch und verwerflich?« fragen Sie jetzt vielleicht skeptisch.

Die Antwort: Warum soll es für mich verboten sein, wenn es für Politiker, Prediger, Werbung und die Mitleidheischer aller Sparten erlaubt ist?

Tatsache ist: Alle jene, die uns ständig zu ihrem Vorteil zu manipulieren versuchen, beschimpfen uns sofort als Egoisten, sobald wir damit beginnen, unsererseits andere zu unserem Vorteil zu manipulieren.

Wie wir es auch drehen und wenden: Wenn wir unser Leben nach eigenen Vorstellungen leben wollen, bleibt uns nichts anderes übrig, als uns für diese zwei Voraussetzungen zu entscheiden: Egoismus und Manipulation. Wir müssen uns klar werden, daß nur wir selbst uns zu unserem Glück verhelfen können, und daß es unser gutes Recht ist, andere dafür einzuspannen.

Der erste Schritt zur Selbstverwirklichung ist der Schritt aus der Selbstbescheidung und Selbstverleugnung hinaus ins Rampenlicht des Spielfeldes, auf dem sich unser Glück in der Auseinandersetzung mit den anderen entscheidet.

Die Alternativen lauten:

- Lasse ich mich von anderen zu deren Vorteil manipulieren oder verkaufe ich mich so gut, daß auch für mich ein Vorteil dabei herausschaut?

- Lasse ich mich aus Gutmütigkeit ausnützen, oder mache ich dem anderen entschlossen klar, daß er meine Wünsche und Persönlichkeit zu respektieren hat?

- Gehe ich zum Angriff über, wenn ich ein Ziel ins Auge gefaßt habe, oder warte ich geduldig im Hintergrund, bis sich vielleicht irgendwann einmal mein Erfolg von selbst ergibt?

Aus dem Schatten heraustreten und den anderen zu signalisieren: »Herschauen, Leute. Ich bin hier und ich bin ich«, wird Mitmenschen nicht immer erfreuen, die uns bisher zu ihrem Vorteil ausgenützt haben. Es mag auch sein, daß wir bei jenen Leuten anecken, die selbst gerne im Licht stehen. Sie sind solange nett zu uns, als wir gehorchen, kuschen und bescheiden hinter ihnen bleiben.

Wer nach vorne drängt, um sein Leben zu führen, wird auf Widerstände stoßen. Wer nicht bereit ist, damit umzugehen und das Beste daraus zu machen, hat wenig Chancen.

Deshalb sollten Sie die Absicht, auf sich aufmerksam zu machen, mit der klaren Entscheidung beginnen: Ich sage, wer ich bin und was ich will. Ich mache mich selbst glücklich und erfolgreich – auch wenn es manchem nicht gefällt.

Diese Einstellung ist die Voraussetzung dafür, Anregungen und Techniken des Auf-sich-aufmerksam-Machens in der Praxis des Alltags erfolgreich anzuwenden.

Wenn diese Ausführungen Sie überzeugen konnten, sollten Sie sich ohne langes Zögern hinsetzen und mit sich selbst einen schriftlichen Vertrag abschließen.

Schreiben Sie:

> »Ich beschließe heute, am . . . . , für mein eigenes Glück mehr zu tun als für das Glück anderer.

Ich entscheide mich dafür, meinen eigenen Weg zu verfolgen, auch wenn es anderen nicht gefällt, indem ich auf das Leben und meine Mitmenschen zugehe statt im Hintergrund zu warten, bis irgend jemand kommt und mir eine Chance gibt.
Ich gebe mir von heute an selbst eine Chance, indem ich mein Leben selbst in die Hand nehme. Ich beschließe, von heute an ein Egoist zu sein und andere zu meinem Wohle zu manipulieren, damit ich selbst nicht mehr von ihnen zu deren Wohl manipuliert werde.«

Unterschrift.

Warum sollten Sie selbst nicht einen Vertrag mit sich machen, der Sie verpflichtet, in Zukunft für sich das Beste aus dem Leben zu machen? Für andere Leute haben Sie doch schon Dutzende Unterschriften unter Abmachungen gesetzt, die vorwiegend zum Vorteil der anderen waren. Oder?

Zweite Anregung

Stellen Sie zum richtigen Zeitpunkt die richtige Frage

Vielleicht gehören Sie zu den Leuten, die locker plaudern können, wenn Sie den Gesprächspartner bereits kennen. Aber wenn Sie mit jemanden ins Gespräch kommen möchten, haben Sie Hemmungen.

Sie scheuen davor zurück, ihn ganz einfach anzusprechen.

Ein halbes Dutzend Zweifel kommen Ihnen in den Sinn, die Sie hindern. Zweifel wie diese:

- »Darf ich als Frau einen Mann ganz einfach ansprechen?«
- »Vielleicht lacht mich der andere aus, wenn ich ihm ehrlich sage, was ich auf dem Herzen habe. Lächerlich möchte ich mich aber nun wirklich nicht machen.«
- »Wozu sollte ich es überhaupt versuchen, wenn ich wahrscheinlich doch eine Abfuhr bekomme?«

- Oder: »Was wird denn der von mir denken, wenn ich ihn einfach so anspreche?«

Und so weiter.

Nun ist es ja tatsächlich so, daß ein anderer uns lächerlich machen kann, eine Abfuhr erteilt oder sich ganz einfach weigert, mit uns in Verbindung zu treten. Dies ist schließlich sein gutes Recht.

Es ist *sein* gutes Recht. Aber in diesem Falle geht es ja darum, was *wir* von ihm zu *unserem* Vorteil wollen. Wobei dieser Vorteil vielleicht auch nur darin besteht, daß wir den anderen kennenlernen möchten, weil er uns interessiert.

Ich selbst habe vor Jahren versucht, in einem Kurort eine Art Seelsorge-Telefon für einsame Kurgäste einzurichten. Also eine Telefonnummer, die in jeder Pension und jedem Hotelzimmer des Ortes aufliegt mit der Aufforderung: »Wenn Sie einsam sind oder ein Problem haben, das Sie allein nicht lösen können – rufen Sie an. Jemand wird am Telefon sein, mit dem Sie sich aussprechen können.«

Erstaunlicherweise war diese Idee eine ziemliche Pleite. Kaum jemand machte von dem Angebot Gebrauch. Dabei war es nur deshalb eingeführt worden, weil sich immer wieder Kurgäste darüber beschwerten, sie fühlten sich allein und einsam und es sei so schwierig, mit netten Leuten Kontakt zu bekommen, um sich ein wenig auszureden.

Als ich mich dann unter solchen unzufriedenen Kurgästen umhörte, warum sie – für die diese Einrichtung ja schließlich geschaffen worden war – nicht anriefen, sagten die meisten von ihnen sinngemäß: »Diese Idee ist ja ganz gut. Aber ich rief nicht an, weil ich nicht wußte, was ich einem wildfremden Menschen am anderen Ende der Leitung sagen sollte.«

Es war die Hemmung vor dem ersten Satz, mit dem man durch eigene Initiative ins Gespräch kommt.

Ist das nicht erstaunlich?

Ein Wunsch oder die Erfüllung eines Bedürfnisses scheitert nur daran, daß wir nicht wissen, wie wir ein Gespräch beginnen sollen. An einem einzigen Satz scheint es also zu liegen, daß wir an einen Menschen nicht herankommen, obwohl er etwas besitzt, was uns nützen könnte.

Hier ist ein anderes Beispiel. Während eines Seminars über die Entwicklung des eigenen Selbstbewußtseins erzählte eine 46 Jahre alte Frau: »Ich bin seit einem Jahr von meinem Gatten geschieden. Er hat mir wenig Chancen gegeben, selbständig zu sein. Deshalb habe ich jetzt auch wenige Freunde. Vor allem möchte ich ganz einfach ab und zu einen Mann kennenlernen. Aber wie fängt man das an?«

Sie hätte, so erzählte sie weiter, gerade erst an diesem Vormittag in einem Einkaufszentrum einen Mann gesehen, den sie gerne näher gekannt hätte. Sie stand vor einer Auslage. Er kam vorbei, zögerte kurz, schaute sie an. Sie schaute ihn ebenfalls an. Dann wich sie seinem Blick aus und starrte wieder in die Auslage. Er ging weiter.

»Ich hätte gerne irgendwas getan, um mit ihm ins Gespräch zu kommen«, sagte die Frau, »aber was hätte ich denn sagen sollen?« Sie fügte hinzu: »In solchen Augenblicken ist es wie verhext mit mir, da fällt mir einfach nichts Passendes ein.«

Hier ist eine bewährte Lösung für dieses Problem.

Sie lautet: Stellen Sie eine Frage. Stellen Sie eine Frage, die nicht Sie betrifft, sondern den anderen.

Viele Leute machen den entscheidenden Fehler, wenn Sie von jemandem etwas wollen; sie denken darüber nach, wie sie dem anderen von Anfang an beibringen, was sie von ihm wollen.

Tatsache aber ist, daß der andere Sie bis zu diesem Zeitpunkt gar nicht kennt. Er kennt Sie nicht und interessiert sich auch noch nicht für Sie. Warum auch? Er reagiert also mit Abwehr, wenn ein wildfremder Mensch von ihm etwas will. Das erste, was er Ihnen entgegenbringt, ist nicht Neugier, Interesse oder Sympathie, sondern Mißtrauen.

Deshalb lautet die Anregung:

- Stellen Sie ihm eine Frage, die ihn betrifft. Die ihn neugierig macht. Die ihm schmeichelt, ihn zur Rechtfertigung provoziert oder zu irgendeiner anderen Reaktion.

Denn: Wenn Sie ihn durch Ihre Frage dazu bringen, auf Sie zu reagieren, Ihnen etwas mitzuteilen, sich vielleicht zu rechtfertigen, dann haben Sie eines erreicht: Er wendet sich nicht von Ihnen ab, sondern bewegt sich auf Sie zu.

Er nimmt Sie zur Kenntnis, fängt an, sich mit Ihnen zu beschäftigen. Sie haben ihn auf sich aufmerksam gemacht.

Nichts – und dieser Hinweis ist zweifellos Goldes wert – interessiert uns alle mehr als wir selbst. Das Wort »ich« ist das am Telefon am meisten gebrauchte Wort. Dies wurde von einer Telefongesellschaft ermittelt.

Wenn Sie jemandem hundert Fotos interessanter Menschen und aufregender Szenen vorlegen, wird ihn doch nur das eine Foto wirklich interessieren, auf dem er selbst abgebildet ist.

Beobachten Sie sich doch selbst einmal dabei, wenn Ihnen jemand Fotografien zeigt, mit dem Sie gemeinsam im Urlaub waren. Ganz wild warten Sie auf das eine Bild, auf dem Sie mit drauf sind.

Deshalb ist es nur logisch, wenn Sie jemandem, den Sie auf sich im positiven Sinne aufmerksam machen wollen, eine Frage stellen, die ihn betrifft. Auch dann, wenn Sie in Wahrheit mit ihm etwas besprechen wollen, das Sie betrifft.

Um es noch einmal zu betonen, weil es das Um und Auf dieser Kontakttechnik ist: Egal, was Sie von ihm zu Ihrem eigenen Vorteil haben wollen, stellen Sie ihm zuallererst eine Frage, die *ihn* betrifft.

Wer danach handelt, für den ist klar, wie er sich in den beiden weiter oben erwähnten Fällen verhalten hätte.

- Jemand, der gerne mit einem Menschen am »Seelsorge-Telefon« ins Gespräch gekommen wäre, hätte etwa mit der Frage begonnen: »Ich bin einsam, können Sie mir helfen?« Nichts tut jemand, der sich als »Seelsorger« zur Verfügung stellt, lieber, als jemandem zu helfen, der einsam ist.

- Die geschiedene Frau hätte ihre Strategie, den Mann, der ihr ganz gut gefiel, kennenzulernen, in zwei Schritten verwirklicht:

Erster Schritt: Statt ihren Blick von ihm abzuwenden, hätte sie ihn weiter angeschaut. Nicht abweisend, sondern fragend.

Blicke können, wie Sie sicherlich längst wissen, oft viel mehr aussagen als Worte. Deshalb ist es einleuchtend, daß schon der erste fragende Blick jemanden, mit dem man in Kontakt kommen möchte, neugierig macht.

Zweiter Schritt: Die Frau hätte dann eine kleine Bewegung auf den neben ihr stehenden Mann zugemacht und ihn ganz nebenbei gefragt: »Was meinen Sie, paßt mir eher die grüne Bluse da im Schaufenster oder die blaue mit den weißen Streifen?«

Es ist schwer vorstellbar, daß der Mann daraufhin weggelaufen wäre. Eher darf angenommen werden, daß er sich geschmeichelt fühlte, weil jemand ihn in einer Geschmacksfrage um einen Rat bittet.

Es gibt eine alte Weisheit für kontaktfreudige Menschen. Sie lautet: »Behauptungen schlagen das Tor zu. Fragen öffnen es.« Deshalb ist die richtige Frage zum richtigen Zeitpunkt ein bewährter Weg, mit jemandem in Kontakt zu kommen und ihn auf sich aufmerksam zu machen.

Versuchen Sie es doch einmal.
Noch heute, oder gleich morgen früh in der Straßenbahn, auf dem Parkplatz oder in einem Geschäft.

Sagen Sie: »Woher haben Sie bloß dieses tolle Armband? Ich suche schon seit Jahren nach einem so schönen Stück.«

Oder: »Wie kriegen Sie nur Ihr Auto so blitzblank, ich schaffe das nie?«

Wenn Sie sich um einen Job bewerben, ist es besser, Sie teilen dem zukünftigen Chef nicht mit: »Hier bin ich, ich will einen gutbezahlten Job von Ihnen.« Das veranlaßt ihn höchstens zu dem Gedanken: »Nein, nein, nicht schon wieder einer.«
Viel größere Chancen, ihn auf sich aufmerksam zu machen, haben Sie, wenn Sie ihm mitteilen: »Wissen Sie, was ich als Fachmann auf dem Gebiet der ... in Ihrer Firma unbedingt ändern würde, wenn ich bei Ihnen angestellt wäre?«

Dies mag ein wenig verrückt klingen. Ist es vielleicht auch. Aber glauben Sie nicht selbst auch, daß eine Frage wie diese *mehr* Aufmerksamkeit erregt als die fordernde Aussage: »Ich will einen Job von Ihnen?«

Dritte Anregung

Interessiert zuhören beeindruckt manchmal mehr als hundert schöne Worte

Es klingt trivial und abgedroschen, jemandem den guten Rat zu geben: »Lerne doch wieder, anderen Leuten mehr zuzuhören.« Als Kind wurde uns ja dieses Prinzip oft recht militant beigebracht. Wenn man uns beispielsweise zu Hause knapp beschied: »Halt den Mund und rede erst, wenn du gefragt wirst.«

Nicht nur zu Hause, auch in der Schule und im Betrieb gelten vielenorts diese Regeln heute noch.

Dieses »Den Mund halten«, das »Sei nicht vorlaut« und das »Rede nur, wenn du gefragt wirst« ist vermutlich die Ursache dafür, daß wir den Instinkt dafür verloren haben, wenn es besser ist zu reden und wann wir lieber schweigen sollten.

Was man uns als Kind schon eingedrillt hat, dient nicht unserem Vorteil. Es ist ein Unterwerfungsritual, das den anderen Leuten nützt. Dem Lehrer etwa, der sich damit vor lästigen kritischen Fragen der Schüler schützen will.

Hier aber geht es darum, wie wir das Zuhören zu

einer Technik der Menschenbeeinflussung anwenden, die vorwiegend uns nützt. Oder, um es noch deutlicher auszudrücken: Hier geht es um Manipulation durch Zuhören.

»Wie«, wird nun der interessierte Leser sofort fragen, »wie kann man durch Nichtstun manipulieren?«

Zuhören-Können, das muß eindringlich gesagt werden, bedeutet keinesfalls, nichts zu tun. Es bedeutet vielmehr:

- Den anderen reden lassen und ihm dadurch das Gefühl vermitteln, daß man sich für das, was er sagt, interessiert. Jeder Mensch – und sei er noch so reich oder mächtig – fühlt sich geschmeichelt, wenn man ihm zuhört.

- Dem anderen aufmerksam zuhören ihm also konzentriert auf den Mund, in die Augen oder in das Gesicht zu blicken, ohne unruhig oder ungeduldig zu werden, signalisiert dem anderen noch mehr Respekt und Wertgefühl. Wenn wir es ihm entgegenbringen, erwecken wir bei ihm dafür Sympathie.

- Jemandem aufmerksam zuzuhören ist auch die Voraussetzung dafür, etwas über ihn zu erfahren, worüber wir später mit ihm reden können. Es ist etwas, das er gesagt hat oder vertritt und das ihn deshalb interessiert. Wenn wir imstande sind, mit ihm über etwas sprechen zu können, für das er sich mit Sicherheit interessiert, machen wir ihn in positivem Sinne auf uns aufmerksam.

Sehen Sie nicht schon an diesen wenigen Hinweisen, daß das Zuhören mit Nichtstun keinesfalls etwas zu tun hat? Zuhören in der beschriebenen Art ist vielmehr eine gezielte Technik, die man lernen und üben kann.

Vorher aber ist es notwendig, sich über die Zusammenhänge dieser Technik klar zu sein. Dazu gehört die Frage: Welchen Vorteil hat es für mich, wenn ich andere Leute reden lasse, und wie nütze ich diesen Vorteil?

Hier die Antwort:

Erster Vorteil, wenn ich jemanden reden lasse: Er fühlt sich durch meine Aufmerksamkeit respektiert und fängt an, mir Sympathie entgegenzubringen.

Zweiter Vorteil: Er gewinnt Vertrauen zu mir, weil man Menschen, die einem ruhig zuhören, generell mehr Vertrauen entgegenbringt als solchen, die einem ständig nur ihre eigenen Wahrheiten mitteilen möchten.

Dritter Vorteil: Je mehr uns jemand mitteilt, um so mehr Wissen erhalten wir über ihn, das wir nützen können, um ihn für unsere Absichten geneigt zu machen.

Vierter Vorteil: Je *länger* wir jemandem interessiert zuhören, ohne ihn zu unterbrechen, um so mehr teilt er uns über sich mit. Oft erreicht dabei sein Vertrauen in uns einen Grad, der ihn veranlaßt, uns Dinge mitzuteilen, die er anderen Leuten nicht sagt.

Wenn das Zuhören so viele großartige Vorteile hat, die wir nützen können, warum wenden wir diese einfache hausbackene Technik der Menschenbeeinflussung nicht viel öfter an?

Die Antwort: Weil diesem Vorgehen unser eigenes Mitteilungsbedürfnis im Wege steht. Wir selbst haben ja genau das gleiche Bedürfnis, uns darzustellen. Je weniger wir davon Gebrauch machen, sei es aus eingelernter Bescheidenheit oder Hemmung, um so größer ist unser Bedürfnis, zu reden, wenn es nur irgendwo eine Gelegenheit dazu gibt.

Es mag sein, daß diese Zeit der unbegrenzten lauten Medien uns immer mehr die Gelegenheit zum Selbstreden nimmt und gleichzeitig das Bedürfnis nach Angehörtwerden fördert.

Es ist ein Bedürfnis, das wir nützen können, wenn

wir die Aufmerksamkeit eines Menschen erwecken wollen. Wir befriedigen sein Bedürfnis danach, endlich einmal von jemandem aufmerksam, voll Respekt und ohne Ungeduld angehört zu werden.

Wissen Sie, wie wohl es einem Menschen tut, wenn wir das tun? Machen Sie den Versuch und sagen Sie jemandem einfach: »Ich finde die Art wie Sie leben bewundernswert. Könnten Sie mir nicht das Geheimnis Ihrer Persönlichkeit verraten?«

Stellen Sie ihm diese simple Frage und hören Sie geduldig zu, was er Ihnen bereitwillig alles erzählt. Vielleicht ist es notwendig, ab und zu ein »Das ist ja großartig« oder »Könnte ich das nur ebenso gut wie Sie« einzuwerfen. Und er wird erzählen und erzählen.

»Was«, fragen Sie jetzt vielleicht, »habe nun ich davon, wenn ich jemandem stundenlang zuhöre, wie er von sich erzählt?«

Nun, Ihr Nutzen dabei ist, daß der andere Ihnen dankbar dafür ist, daß Sie ihm etwas schenken, was ihm viele andere Leute nicht zu geben bereit sind, nämlich Aufmerksamkeit. Dies ist eine hervorragende Voraussetzung dafür, vom anderen eine Gegenleistung zu erhalten. Worin immer sie auch besteht.

Vermutlich haben Sie schon hundertmal gedacht: »Ich sollte selber nicht so viel reden und den anderen mehr zuhören.« Hier wurde versucht, diesen Gedanken mit einem Nutzen für Sie in Verbindung zu bringen.

In diesem Sinne: Wenn Sie jemanden auf sich aufmerksam machen wollen, ist das bewußte und gezielte Zuhören eine geeignete Technik dafür.

Vierte Anregung

Wenden Sie das Manipulationsgesetz der steten Wiederholung an

Haben Sie zufällig schon einmal vom »Manipulationsgesetz der steten Wiederholung« gehört? Nun, es besagt, daß Sie eine Botschaft nur lange und glaubhaft genug wiederholen müssen, damit man sie Ihnen glaubt.

Wohlgemerkt: Bei dieser Botschaft kann es sich – so das Gesetz – um die größte Lüge handeln. Man wird sie Ihnen als Wahrheit abnehmen, wenn sie fachmännisch »verkauft« wird.

Auch wenn Sie noch nie von diesem Gesetz gehört haben, kennen Sie es ganz bestimmt aus Fernsehen, Radio und Zeitung. Wenn Ihnen dort ein bestimmtes Waschmittel oder eine Waschmaschinenmarke immer wieder in das Gedächtnis gerufen wird, dann geschieht dies nach den Prinzipien des erwähnten Gesetzes.

Sie werfen jetzt vielleicht ein: »Aber da höre ich doch schon längst nicht mehr hin«, oder: »Ja, ja, diese Werbung geht mir schrecklich auf die Nerven. Immer das gleiche.« Dies hat allerdings nichts mit der Wirkung dieser Wiederholungs-Werbung auf Sie zu tun.

Was Sie kommentieren, betrifft die Aufnahme dieser Botschaft in Ihrem Bewußtsein. Dort wehrt sich natürlich Ihre bewußte Intelligenz davor, für dumm verkauft zu werden, weil man Ihnen ein und dieselbe Information immer und immer wieder vorkaut.

Dem steht aber die Wirkung auf Ihr Unterbewußtsein gegenüber. Immer wieder auf Sie gezielte, gleichlautende Informationen sickern durch Ihr Bewußtsein hindurch in das Unterbewußtsein und lagern sich dort ab.

Die Botschaft lautet zum Beispiel: »XY wäscht weißer als alle anderen herkömmlichen Waschmittel. Es hat den grünen Löwen in jedem Kristall. Achten Sie auf den grünen Löwen in jedem Kristall. Achten Sie auf den grünen Löwen an der Packung.«

Wenn Sie diese Nachricht in Bild und Schrift oder sogar in Bild, Ton und Schrift oft genug gesehen und gehört haben, ist sie so eindringlich in Ihrem Unterbewußtsein verankert, daß Sie über das Bewußte hinweg wirksam wird.

Sie können dabei durchaus denken: »So ein Quatsch, die wollen mich doch für blöd verkaufen.« Aber wenn Sie dann im Supermarkt vor dem Regal mit fünfzehn verschiedenen Waschmittelangeboten stehen, ist Ihr bewußt gesteuerter Entscheidungsmechanismus verunsichert. Sie blicken von einem zum anderen. Jedes Paket schaut irgendwie ähnlich aus.

Da kommt der grüne Löwe in Ihr Blickfeld, und aus der unterbewußten Erinnerung wird Vertrautheit signalisiert. Vermutlich greifen Sie aus der Sicherheit dieser Vertrautheit in einem Augenblick der bewußten Unsicherheit ganz automatisch nach dem »grünen Löwen«.

So oder so ähnlich wirkt der Mechanismus der Entscheidung unter dem Einfluß der Manipulationstechnik des steten Wiederholens einer Botschaft.

Auf dieses Wissen können Sie eine eigene Strategie aufbauen, wenn es darum geht, jemanden auf sich aufmerksam zu machen.

Zwei Voraussetzungen brauchen Sie dazu allerdings:

- Sie müssen genug Zeit dafür haben.
- Sie brauchen eine Portion Ausdauer und Geduld.

Denn eines steht fest: Sie müssen Ihre Botschaft »Hallo, hier bin ich. Ich bin genau der Typ, den du brauchst, nimm mich zur Kenntnis!« so lange in das Unterbewußtsein des anderen einfüttern, bis es dort zur rechten Zeit wirksam wird.

Zur rechten Zeit!

Hier ist ein Beispiel:

Herr A möchte von seinem Chef B haben, daß dieser ihn auf den Posten E setzt, von dem Herr F demnächst in den wohlverdienten Ruhestand abtritt. Bedauerlicherweise aber gibt es fünf weitere Bewerber für diesen gutbezahlten Job.

Was also macht Herr A, nachdem er zur Kenntnis genommen hat, auf welche Weise das Manipulationsgesetz der steten Wiederholung wirkt?

Herr A macht folgendes:

1. Er beschließt: Ich überlasse es nicht dem Zufall oder der willkürlichen Gunst von B, ob er mich den fünf Kollegen vorzieht. Ich werde B gezielt auf mich aufmerksam machen.
   Diese klare Entscheidung ist wichtig. Denn wer sich nur halbherzig um einen Job bemüht, darf letzten Endes auch nur ein halbherziges Ergebnis erwarten. Mit Sicherheit hat jener Bewerber mehr Chancen, der fest entschlossen ist, als jemand, der es nur »versucht«.

2. A legt sich eine Liste aller wichtigen Erfordernisse für den Posten an, den Herr F noch innehält. Er informiert sich überhaupt gründlich über die zu erwartenden Aufgaben. Wobei es nützlich ist, mit Herrn F ein paar längere freundliche Gespräche zu führen. Dabei erfährt A auch, welche Vorstellung B von diesem Posten hat.

3. Jetzt sucht A einmal die Woche die Nähe von B, um eine gezielte Bemerkung über den Posten von F zu machen, die B aufhorchen läßt. Wenn es möglich ist, zeigt sich A dem Chef B gemeinsam mit F.

4. A achtet auch auf den Termin der Entscheidung und reagiert darauf. So nebensächlich es auch klingt, aber es ist beispielsweise wichtig, zum Zeitpunkt der Entscheidung nicht gerade auf Urlaub, sondern nicht nur in der Nähe, sondern im Gedächtnis von B möglichst »präsent« zu sein.

Die vier hier beschriebenen Punkte sind natürlich Theorie. Aber sie zeigen eine Richtung des Denkens auf, die zum Ziel führen kann. Alle Mühe kann auch vergebens sein, weil der Vater von Kandidat Y ein alter Stammtischbruder von B ist und ihm beim dritten Glas Bier während der vorangegangenen 20 Frühschoppen immer wieder geflüstert hat: »B, alter Junge, vergißt du mir eh meinen Jungen nicht, wenn der Posten von F neu zu besetzen ist, gell?«

In diesem Fall hat der Vater von Y bei der Anwendung des Wiederholungsgesetzes einen jahrelangen Vorteil für sich genützt, gegen den A eben nicht konkurrieren konnte.

Aber A könnte ja ebensogut einen Vater haben, der mit B befreundet ist und ihn jede Woche am Stammtisch trifft. In diesem Falle würde A seinen Vater im

Sinne des Manipulationsgesetzes für sich als Sprachrohr benützen und ihm vor jedem Stammtischbesuch flüstern: »Viel Spaß beim Bierchen, Vater. Wenn du den B triffst, mach doch nach dem dritten Glas eine schnelle Bemerkung wegen des Jobs von F. Du verstehst? Okay, Daddy?«

Und Vater A, wenn er alles richtig versteht, würde einmal zu B sagen: »Mensch, B, du bist doch der Chef meines Jungen. Dem mußt du aber mächtig imponieren. Neulich hat er mir lang und breit erzählt, was du für ein toller Chef bist. Sieht man dir gar nicht an, ehrlich.« Ein anderes Mal würde Vater A sagen: »Also weißt du, B, der Ehrgeiz meines Jungen wird mir allmählich unheimlich. Ich wollte ja immer schon haben, daß er bei der Bundespost seine Karriere macht. Aber er hat sich nun einmal eure Firma eingebildet. Aber da lebt er sich so mit Leib und Seele hinein, daß er sogar zu Hause von nichts anderem redet.«

Und so sickert, dank des Geschickes eines richtig motivierten Vaters, die Botschaft in das Unterbewußtsein von B, damit sie für den Tag der Entscheidung über den Nachfolger von F wirksam wird.

Ob so oder so, wichtig sind Zeit und Ausdauer. Wie Sie am Beispiel des Vaters sehen können, spielen auch Geschick und Feingefühl keine geringe Rolle.

Probieren Sie es doch selbst einmal aus. Es muß ja dafür nicht gleich einen konkreten Anlaß geben.

Versuchen Sie nur so zum Spaß, jemanden durch immer wiederkehrende kleine gezielte Botschaften auf sich aufmerksam zu machen, der Sie bisher keines Blickes würdigte. Verwenden Sie dabei alles Wissen, das wir Ihnen in diesem Kapitel zu vermitteln versucht haben.

Viel Erfolg.

Fünfte Anregung

Setzen Sie der Einordnung Ihren eigenen Wunsch entgegen. Ein Kompromiß ist besser als bedingungsloses Nachgeben.

Es scheint, als gäbe es so etwas wie ein unabwendbares Prinzip der Einordnung oder des Nachgebens. Es könnte lauten: Je mehr Sie nachgeben und sich einordnen, um so mehr werden Sie ausgenützt.

Und weiter: Je bereitwilliger Sie sich ausnützen lassen, um so weniger werden Sie beachtet und respektiert.

Jemand sagt Ihnen irgendwann einmal: »Wenn du hinausgehst, sei doch so nett und nimm mir ein Paket Zigaretten mit.« Sie gehen hinaus, kaufen am Automaten Zigaretten, bezahlen sie und legen sie dem anderen auf den Tisch.

Der andere bedankt sich überschwenglich, aber er verliert mit oder ohne Absicht kein Wort über das Geld, das Sie für ihn ausgelegt haben. Sie hingegen sind zu rücksichtsvoll, um ihn daran zu erinnern.

Sie haben ihm also bereitwillig einen Dienst erwiesen und müssen dafür zusätzlich auch noch daran denken, daß er Ihnen das Geld schuldig bleibt.

Wobei es ganz freche Typen gibt, die sagen: »Wieviel hast du denn bezahlt?« und dann, nach einigem Herumkramen in der Tasche: »Ach, ich hab's im Moment nicht, ich gebe es dir morgen.«

Morgen. Das kennt man ja.

Um es noch einmal zu sagen: Durch Ihre Hilfsbereitschaft haben Sie nicht nur für den anderen einen Weg erledigt, Sie müssen ihm auch Geld leihen und sind überdies damit belastet, so lange daran zu denken, bis er sich dazu bequemt, es Ihnen zurückzugeben. Vermutlich kommt in diesem Stadium der Entwicklung auch noch der aufkeimende Ärger hinzu, mit dem Sie sich beschäftigen müssen.

Entweder ärgern Sie sich über die Rücksichtslosigkeit des anderen, oder Sie ärgern sich über sich selbst. Dazu kommt, daß der andere Ihnen vermutlich überhaupt nicht dankbar ist.

Er hat Sie gezielt getestet, wie ausnützbar Sie für ihn sind. Jetzt denkt er: »Aha, den kann ich in Zukunft noch weiter zu meinem Vorteil belasten.«

Er wird Sie weiter um Gefälligkeiten bitten, denn er weiß ja, daß Sie ein gutmütiger Trottel sind, der sich alles gefallen läßt. Der nachgibt, sich einordnet und zu rücksichtsvoll ist, dagegen aufzubegehren. Das Ergebnis einer eindringlichen Erziehung zum: »Sei nett zu allen Leuten und gehe jedem Streit aus dem Weg.«

Mehr muß darüber hier wohl nicht gesagt werden, denn Sie gehören vermutlich auch zum einen oder anderen der zwei hier beschriebenen Typen. Vermutlich zu jenem, der ausgenützt wird, sonst würden Sie wohl dieses Buch nicht gekauft haben.

Die fünfte Anregung lautet also: Setzen Sie die Grenzen ihrer Ein- und Unterordnung und Ihrer Gefälligkeit anderen Menschen gegenüber klar fest und verteidigen Sie diese mit Entschlossenheit.

Beginnen Sie mit der Entscheidung: Ich lasse mich von niemandem ausnützen. Wenn jemand von mir etwas will, prüfe ich ganz nüchtern, welchen Vorteil es für mich hat. Wenn das, was der andere von mir verlangt, für mich keinen Vorteil hat, lehne ich es ab.

Ich lehne es ab.

Manche Menschen leiden unter der Schwäche, einfach nicht »Nein« sagen zu können. Damit ordnen sie sich automatisch allen jenen unter, die selbstbewußt, frech und rücksichtslos unsere Schwächen für sich ausnützen.

Wenn man solchen Menschen aus Gefälligkeit den kleinen Finger leiht, wollen sie das nächste Mal die ganze Hand und werden böse, wenn wir sie ihnen nicht überlassen. Sie kennen das ja sicher aus eigener Erfahrung.

Dies alles bedeutet: Wenn Sie sich von heute an nicht mehr ausnützen lassen wollen, müssen Sie alle, die es versuchen, darauf aufmerksam machen.

Sie können es auf zwei Arten tun:

- Mit dem großen Hammer

- oder auf die elegante Art

Die Hammer-Variante geht so: »Hör zu, mein Freund, hol' dir deine Zigaretten selber. Ich bin ja nicht dein Butler. Laß uns das ein für alle Male in aller Freundschaft klargestellt haben.«

Eleganter klingt natürlich, wenn Sie sagen: »Sei mir nicht böse, aber wenn du schon rauchst, dann will ich das nicht auch noch unterstützen.« Oder so.

Zu empfehlen ist allerdings die Hammer-Methode. Sie klärt die Fronten ganz schnell und hinterläßt einen tieferen Eindruck. Denn Leute, die uns für sich einspannen wollen, haben meistens ein dickes Fell. Sie versuchen es immer wieder, wenn wir ihnen nicht eindeutig und schockartig signalisieren, wo die Grenze unserer Gutmütigkeit liegt.

Gutmütige Menschen wollen andere niemals verletzen. Sie bürden sich lieber selbst Opfer auf, ehe sie anderen eine Gefälligkeit abschlagen. Erfahrungsgemäß fällt es ihnen leichter aufzubegehren, wenn sie in Zorn geraten.

Wenn Sie also zu diesem Typ gehören, sollten Sie ganz bewußt Zorn und Empörung als Motor Ihres entschlossenen Ablehnens einsetzen. Ärgern Sie sich absichtlich über die Unverfrorenheit eines anderen, steigern Sie sich in einen Zornausbruch hinein, bis der Zorn Ihre Hemmungen hinwegfegt.

Dann sagen Sie knapp und beinhart: »Nein, das mache ich nicht.« Oder, wenn Sie höflich sein wollen: »Tut mir leid, mein Lieber, das mache ich nicht.«

Noch etwas: Haben Sie deswegen kein Schuldgefühl. Es ist Ihr gutes Recht, Ihren Vorteil zu wahren. Auch ein Kompromiß, den Sie schließen, soll für Sie ein Vorteil sein. Wenn auch nur ein halber. Aber ein halber Vorteil für Sie, ist besser als ein ganzer Vorteil der anderen auf Ihre Kosten.

Sie können es deshalb auch mit der Antwort versuchen: »Ich hole dir gerne die Zigaretten. Und was tust du als Gegenleistung für mich?«

Fangen Sie an, sich aufzulehnen. Aber beginnen Sie nicht damit, daß Sie sagen: »Also gut, ich will es versuchen. Aber ich bin nicht sicher, ob ich es schaffe.«

Sagen Sie vielmehr: *»Ich mach's.«*

Viel Spaß dabei!

Sechste Anregung

Geben Sie dem anderen, was er braucht, damit er Ihnen gibt, was Sie von ihm erwarten

Viele Menschen machen immer wieder folgenden Fehler: Wenn sie jemanden auf sich aufmerksam machen oder ihn für eine Sache gewinnen wollen, gehen sie auf ihn zu und sagen: »Gib es mir.« Oder: »Komm, mach bei meiner Sache mit.«

Was passiert in solchen Fällen?

Nun, der andere wird sich vermutlich brüskiert fühlen. Sein Mißtrauen erwacht. Er denkt: »Was will denn der?« oder »Wie komme ich denn dazu?« oder ähnlich. Jedenfalls stellt er sich instinktiv auf Abwehr ein statt auf Neugier, Anteilnahme und Wohlwollen.

Zudem ist er, wie wir ja ebenso, eitel, egoistisch und fühlt sich unterschätzt und zu wenig beachtet. Wir wollen seine Beachtung, andererseits aber will er genau das gleiche von uns.

Davon geht unsere Anregung aus: Schenken Sie zuerst dem anderen Beachtung, damit Sie ihn dazu bringen, Sie zu beachten. Klingt das nicht einleuchtend?

Also: Nehmen Sie ihn zuerst einmal zur Kenntnis, stellen Sie ihn in den Mittelpunkt, schmeicheln Sie seiner Eitelkeit, bewundern Sie ihn.

»Moment einmal«, werden Sie als wahrheitsliebender Mensch jetzt unverzüglich einwenden, »ich soll doch hier nicht etwa zum Lügen angehalten werden? Was ist, wenn ich den anderen gar nicht bewundere, sondern zutiefst verachte?«

Dies ist tatsächlich eine Frage, die Sie bei sich selbst sachlich klären müssen:

- Sind Sie um Ihres eigenen Vorteils willen zu einer Lüge bereit

- oder verzichten Sie um der Wahrheit willen auf einen Vorteil?

Dies berührt die grundsätzliche Frage, wie Sie zu Begriffen wie Wahrheit, Ehrlichkeit und Lügen stehen. Wenn Sie also für Ihr Leben endgültig entschieden haben, niemals zu lügen und der Wahrheit treu zu bleiben, koste es, was es wolle, dann bedeutet dies auch, daß Sie ein für alle Male auf alles im Leben verzichten, was nicht wahr und ehrlich ist.

Was aber *ist* wahr und ehrlich? Und wem dient die sogenannte Wahrheit und Ehrlichkeit? Vor allem aber: Wie wahr und ehrlich verhält sich Ihre Umwelt Ihnen gegenüber?

Um nur ein paar Beispiele zu erwähnen:

- Sind Sie überzeugt, daß alle Politiker alles ehrlich meinen, was sie uns vor den Wahlen versprechen? Oder besteht nicht der begründete Verdacht, daß sie uns jede Menge Versprechen geben, obwohl sie von vorneherein ganz genau wissen, daß sie nicht ein einziges davon halten können?

- Ist es die Wahrheit, wenn die Firma X Ihnen im Fernsehen ihr Produkt nur in seinen allerbesten Farben darstellt. Oder ist es nicht schon eine gewaltige Lüge, so zu tun, als gäbe es auch nur ein einziges fehlerloses Produkt in der Welt?

- Ist nicht das Verschweigen einer unangenehmen Wahrheit bereits eine Lüge? Und so weiter.

So gesehen kann man vielleicht zu dem Schluß kommen, daß die Weigerung, dem anderen ein Kompliment zu machen oder eine Schmeichelei um den Bart zu streichen, nichts anderes ist als unsere Unfähigkeit, jemanden zu unserem Vorteil auszutricksen oder ein wenig zu manipulieren.

Aber, wie gesagt, hier wird nur eine Anregung gegeben. Sie selbst müssen entscheiden, ob Sie Ihren moralischen Maßstäben entspricht oder nicht. Tatsache ist allerdings: Wer jemand anderem ein Kompliment macht, hat mehr Chancen, dessen Aufmerksamkeit zu gewinnen, als jemand, der dem anderen sagt: »Hör einmal zu, mein Freund, die Wahrheit ist, daß ich viel besser bin als du. Trotzdem will ich jetzt etwas von dir.«

Lassen Sie uns nun zu einer weiteren Voraussetzung für die Anwendung der hier empfohlenen Aufmerksamkeits-Strategie kommen: Damit Sie mit jemandem über ihn selbst reden können, müssen Sie sich zuerst für ihn interessieren. Sie müssen wissen, was ihm Freude bereitet, worauf er stolz ist, welche Interessen er hat.

Denn es ist ganz klar, daß es besser ist, Sie reden mit einem passionierten Markensammler erst einmal über die neue Serie der Bundespost als über das jüngste Modell von Volkswagen, nur weil Sie selbst Volkswagenfahrer sind.

Zugegeben, dies hier zu erwähnen, mag ein wenig albern klingen. Andererseits zeigt sich immer wieder, daß die allereinfachsten Wege meistens die wirkungsvollsten sind.

Der einfache Satz: »Sie glauben gar nicht, wie ich Sie bewundere«, weckt selbst abgebrühte Zweifler aus ihrer Lethargie. Niemand, glauben Sie uns, wirklich niemand ist gegen die Wirkung einer einfachen Schmeichelei gefeit.

Geben Sie sie ihm, damit er zumindest einmal sagt: »Aber nein, wie kommen Sie denn darauf?«

Schon hat er den ersten Schritt auf Sie zu gemacht. Sie haben in jedem Falle seine Aufmerksamkeit erweckt. Er hört Ihnen zu, weil er etwas zu hören hofft, was ihn bestätigt, erhebt und ihm guttut.

Der erste Schritt, ihn auf sich aufmerksam zu machen, ist getan. Dieser erste Schritt ist für viele Menschen der allerschwierigste, weil ihnen nicht der richtige Satz einfällt, mit dem sie den anderen erst einmal aufhorchen lassen.

Der zweite Schritt ergibt sich von selbst: Ich muß die Erwartung des anderen erfüllen. Und zwar rasch, bevor er sich anderen, für ihn interessanteren Dingen zuwendet.

Ich muß seine Erwartung erfüllen. Am besten dadurch, daß ich eine Information nütze, die ich über ihn bekommen habe. Möglichst etwas, das ihm nicht jeder sagt, sondern etwas, das ihn selbst in Erstaunen versetzt.

Wenn Sie dem Besitzer des neuesten Modells eines Motorrades der Marke Harley-Davidson sagen, wie toll Sie sein heißes Eisen fänden, wird es ihn vermutlich nicht allzusehr bewegen. Er hat dieses Kompliment vorher schon hundert Mal gehört.

Aber wenn Sie ihn fragen: »Mir ist aufgefallen, daß Sie immer, ehe Sie Ihre Maschine starten, mit Daumen und Zeigefinger ans linke Ohr fassen«, wird er Sie voll Aufmerksamkeit anstarren und fragen: »Nein, wirklich? Das ist mir selbst noch gar nicht aufgefallen. Wieso wissen Sie das?« Er wird Sie mit Fragen überschütten, weil er von Ihnen über sich etwas erfahren kann, was er selbst nicht weiß.

Klingt nicht auch dieser Hinweis einleuchtend?

Trotzdem fällt es vielen von uns so schwer, mit anderen über sie selbst zu reden. Warum wohl? Ganz einfach: Weil wir nicht zwischen eigenem Bedürfnis einerseits und Taktik im Umgang mit anderen Menschen andererseits unterscheiden können. Anders gesagt: Wir versuchen anderen aufzudrängen, was uns gefällt, und sind ganz erstaunt, wenn wir damit auf Widerstand stoßen statt auf Zuneigung.

Probieren Sie es ganz einfach selbst einmal aus. Am besten, gleich jetzt.

Siebente Anregung

Erinnern Sie sich an jemanden, wenn sonst keiner an ihn denkt

Wenn Sie auf sich aufmerksam machen wollen, spielt es verständlicherweise eine Rolle, ob Sie sich in einer Gruppe mit anderen Aufmerksamkeitsbewerbern befinden, oder ob Sie alleine stehen.

Ein einzelner, eine grüne Fahne schwenkender, laufender Mann auf dem Petersplatz von Rom findet mehr Beachtung als eine Gruppe von 30 Mönchen, die alle gleich gekleidet beisammenstehen. Also empfiehlt es sich, drei Dinge zu beachten:

- Aus der Masse heraustreten.
- Sich rühren, statt stille zu stehen.
- Einen zusätzlichen Blickfang schaffen, der Neugier erweckt.

So selbstverständlich diese Binsenweisheit auch klingen mag, die meisten Menschen beachten sie trotzdem nicht.
Sie wollen einerseits Aufmerksamkeit erwecken, andererseits aber möchten sie nicht das geringste Risiko eingehen.

Beides, das muß einmal ganz klar gesagt werden, verträgt sich nicht. Auf sich aufmerksam zu machen ist gleichbedeutend mit dem Heraustreten aus dem Schutz der Masse. Dies bringt Risiko mit sich, und sei es auch nur jenes, sich vor anderen Leuten lächerlich zu machen.

Aber ist nicht dieses Sich-lächerlich-Machen bereits eine Art, auf sich aufmerksam zu machen? In jedem Falle erweckt es bei anderen Menschen Emotionen. Beim einen ist es Schadenfreude, beim anderen Verständnis oder Mitgefühl.

Und Mitgefühl ist ein sehr guter Anlaß für Kontaktaufnahme.

Mit jemandem, der einem gleichgültig ist, einem Niemand in der Masse, verspürt man wenig Lust, ein Gespräch anzubahnen. Aber schon das Mitgefühl mit einer Person ist ein Motor dafür, ihm etwas zu sagen.

Lassen Sie uns wiederholen:

Erstens: Auf sich aufmerksam machen bedeutet aus der Masse herauszutreten und ein Risiko einzugehen.

Zweitens: Die Risikobereitschaft kann ein zusätzlicher Impuls der Aufmerksamkeitserweckung und der Kontaktaufnahme sein.

Kehren wir nun zu der Frage zurück, warum so viele Menschen davor zurückschrecken, »herauszutreten«, um aufzufallen.

Vorerst einmal mag es daran liegen, daß wir alle ja von Kindheit an zur Bescheidenheit, zum Nicht-Auffallen und zum Stillsitzen erzogen wurden. Die meisten halten sich bis an ihr Lebensende daran. Vielleicht erfüllt sich dadurch ihre Daseinsvorstellung. Mag sein. Möglicherweise aber ist dies der einzige traurige Grund dafür, daß sie alle ihre großen Wünsche und Träume allmählich zu Grabe tragen und ein Leben im Schatten führen. Unauffällig, risikolos, als graue Mäuse, ständig in der Angst vor dem grellen Licht.
Ein anderer Grund dafür, daß wir uns scheuen, aus der Masse herauszutreten, mag sein, daß wir aus Angst das Risiko falsch kalkulieren. Das heißt: Wir denken zu sehr an die schlimmen Dinge, die passieren könnten, als an den Spaß, den ein Erfolg uns wahrscheinlich bringt.

Im Grunde genommen können wir ja die Menschen in zwei Gruppen einteilen:

- Die einen setzen sich ein Ziel und denken Tag und Nacht nur daran, wie großartig es sein wird, wenn sie es erreicht haben.

- Die anderen setzen sich ein Ziel und malen sich von da an immer nur aus, wie schrecklich es sein würde, wenn sie versagen.

- Ein Risiko richtig zu kalkulieren bedeutet:

  1. Den Wert zu bemessen, dem wir einer Sache, die wir erreichen wollen, zuordnen.

  2. Die Möglichkeiten richtig einzuschätzen, aus dem Schlimmsten, das passieren kann, noch immer das Beste zu machen.

Hier ist ein praktisches Beispiel:

Sie sind eine Frau und verlieben sich in Herrn S. Er aber hat Sie bisher noch gar nicht zur Kenntnis genommen.

Damit Ihre süßen Träume überhaupt eine Chance haben, sich zu erfüllen, müssen Sie Herrn S.:

- Auf sich aufmerksam machen.

- Ihm beibringen, daß Sie genau die Richtige für ihn sind.

- In ihm den Wunsch wecken, von diesem einmaligen Angebot möglichst schnell Gebrauch zu machen.

Dies jedenfalls sind die drei Phasen jeder guten Verkaufsstrategie.

Nehmen wir also an, Sie können es arrangieren, zugleich mit dem begehrten Herrn auf eine Party eingeladen zu werden. Dies wäre der erste Schritt auf dem Weg zum Ziel.

Der zweite Schritt besteht dann darin, sich aus der Schar der dreißig anderen anwesenden Damen auf eine Weise herauszuheben, daß Herr S. sein Auge interessiert auf Sie wirft und auf keine andere.

Sie fragen sich also: »Wie mache ich ihn auf mich aufmerksam?«

Sie denken: »Ich stelle mich in seine Nähe und lasse mein Sektglas auf den Boden fallen, gebe einen gedämpften, nicht allzu hysterischen Schrei von mir und fange leise und möglichst hilflos zu schluchzen an. Dabei gehe ich auf S. zu – ganz zufällig, versteht sich – und lege dezent mein Haupt an seine Brust.«

Dies ist die mögliche Idee einer Anbahnungsstrategie.

Wenn Sie Risiko und Erfolgswahrscheinlichkeit gegeneinander an diesem Beispiel abwägen, könnte die Analyse so vor sich gehen:

- Was erreiche ich? – Ich zwinge ihn, mich zur Kenntnis zu nehmen.
- Was riskiere ich? – Ich riskiere, daß er mich für eine hysterische aufdringliche Ziege hält.

- Wie mache ich daraus immer noch das Beste? – Ich denke mir: »Okay, dann weiß ich wenigstens, woran ich bin und brauche mir keine falschen Hoffnungen mehr zu machen.«

- Was wäre noch möglich? Es wäre möglich, daß ich ihm wegen meines Mißgeschicks leid tue und er das Bedürfnis hat, mich zu trösten.

- Was riskiere ich noch? – Ich riskiere, daß sich ein anderer, ganz mieser Typ von Mann eilfertig dazwischenwirft und die Gelegenheit ausnützt, um mir auf den Busen zu grapschen.

Und so weiter, und so weiter bis zu dem Punkt, wo die junge Dame unter alle diese Posten von Für und Wider einen Strich zieht, um die Summe der möglichen Vorteile mit der Summe der möglichen Nachteile zu vergleichen. Und dann zu handeln. Oder eben statt auf die Party ins Kino zu gehen.

Sich aus der Masse herauszuheben kann unendlich vieles bedeuten: Das Schwingen der grünen Fahne auf dem Petersplatz, das zerschlagene Glas, aber auch eine Botschaft, die wir eben ganz anders präsentieren als alle anderen.

Ein Beispiel: Alle gratulieren zum Geburtstag. Sie aber schreiben jemandem dann, wenn Sie wissen, daß er sich nach einer erlittenen Niederlage einsam und traurig fühlt. Sie schreiben: »Lieber M., ich habe von Deinem Pech gehört. Ich fühle mit Dir. Sei traurig, aber sei es in der Gewißheit, daß in drei Tagen alles wieder ganz anders ist. Du hast schließlich so viele Chancen, dieses Ziel zu erreichen, als Du Dir selbst nimmst. Ich drücke Dir die Daumen fürs nächste Mal.«

Sie halten diese Zeilen für kitschig?

Mag sein, sie sind es.

Aber wenn Sie bei jemandem, den Sie auf sich aufmerksam machen wollen, bei nächster Gelegenheit den Versuch machen möchten, stehen Ihnen obige 51 Worte selbstverständlich zur Verfügung.

Wetten, daß der Empfänger dieser Aufmerksamkeitsbotschaft zehn Jahre später noch immer daran denkt, wenn er die teuren Weihnachtsgeschenke seiner Freunde vom Jahr zuvor schon längst vergessen hat?

Achte Anregung

Sagen Sie Ihre Meinung geradeheraus, statt hundert Wenn und Aber zu überlegen

Es gibt in unserem Leben Dinge, die wir gar nicht gründlich genug überlegen und vorbereiten können, ehe wir sie in Angriff nehmen. Es gibt aber auch Situationen, in denen das spontane Handeln viel stärkere Ausdruckskraft besitzt. Oder, um es anders zu sagen: Es beeindruckt bestimmte Leute mehr, wenn wir das, was uns bewegt, »geradeheraus« sagen.

Wenn wir die Aufmerksamkeit eines Menschen erwecken wollen, ist es – wie wir ja wissen – erforderlich, einige Informationen über ihn zu besitzen. Seine Gewohnheiten, worauf er besonders stolz ist oder welche Lieblingsbeschäftigungen und bevorzugte Gesprächsthemen er hat.

Ehe wir ihn für uns einnehmen können, müssen wir auf ihn eingehen. Wichtig dabei ist auch, zu beurteilen, welche von zwei Ansprechstrategien sich für ihn besser eignet:

- Die Schmeichelstrategie

- Oder die Provokationsstrategie

Ein Mensch, der nach Anerkennung lechzt, sich ständig vernachlässigt, mißverstanden oder enttäuscht fühlt, ist vermutlich einer Schmeichelei besser zugänglich als einer Provokation, auf die er mit Abwehr und Mißtrauen reagieren würde.

Wer selbstsicher ist, Konfrontation liebt und für Kritik dankbar ist, spricht wahrscheinlich besser auf die Provokationsstrategie an. Er gehört zu jenem Typ, der verständnisvoll lächelnd sagt: »Ich mag es, wenn mir jemand widerspricht. Das ist ein Zeichen dafür, daß er mitdenkt.«

Menschen dieser Art befinden sich oft in führenden Positionen. Sie haben Mitarbeiter, die ständig um ihre Gunst buhlen. Die meisten tun es durch Schmeicheleien, Unterwürfigkeit oder Ja-Sagen. Ein Chef, der richtige Entscheidungen fällen möchte und genügend Persönlichkeit besitzt, braucht Gesprächspartner, die nicht immer seiner Meinung sind. Er braucht alternative Lösungsvorschläge, um sich aus mehreren die für eine Entscheidung beste aussuchen zu können.

Manche dieser Chefs sind geradezu glücklich, wenn ein Mitarbeiter nicht immer nur »Ja, Herr Direktor« oder »Selbstverständlich, Herr Generaldirektor. Wird sofort gemacht« sagt, sondern ihm aggressiv ins Gesicht blickt und sagt: »Ich bin da, ehrlich gesagt, nicht ganz Ihrer Meinung. Meiner Ansicht nach . . .«, und dann bringt er klar und ohne sich dafür zu entschuldigen seinen eigenen Vorschlag vor.

Zwei Dinge sind dabei vor allem für den Erfolg dieses Vorgehens verantwortlich:

1. Sie dürfen nicht nur *dagegen* sein, sondern Sie müssen tatsächlich eine ernstzunehmende Meinung oder einen guten Vorschlag vorbringen können.

2. Sie dürfen sich nicht dafür entschuldigen, daß Sie eine eigene Meinung haben, sondern es als völlig selbstverständlich finden, angehört zu werden.

Wir leben in einer Zeit, die Partnerschaft erfordert. Dazu muß jeder seinen Anteil beitragen, damit alle mehr erreichen, als sie allein erreichen könnten. Dieses Prinzip kann nur funktionieren, wenn wir unsere Vorstellungen einbringen statt vorsichtig taktierend Angst davor zu haben, wir könnten etwas Falsches sagen.

Ein anderer Aspekt besteht darin, daß der spontane Ausdruck einer eigenen Meinung viel mehr emotionale Kraft besitzt als vorsichtig vorgebrachte, ausgewogene Überlegungen.

Man braucht auch keine große Angst zu haben, sich den Unwillen seines Gegenübers zuzuziehen, wenn man mit seiner vorgebrachten Ansicht irrt. Eher ist das Gegenteil der Fall: Wenn der andere von unserem spontanen Einwand provoziert wird, bemüht er sich wahrscheinlich sofort, uns klarzumachen, daß *er* recht hat und nicht wir.

Was könnte uns Besseres passieren?

Er schaut uns an, er spricht mit uns, wir haben ihn durch Provokation dazu gebracht, sich mit uns zu beschäftigen. Das wollten wir doch. Oder?

Dies bedeutet: Es ist durchaus im Sinne unserer Zielsetzung, wenn der andere im ersten Augenblick wütend auf uns ist. Oder sich brüskiert fühlt. Wichtig ist allein, daß er eine Minute lang auf uns blickt und wir uns damit aus der Gruppe herausheben.

Nicht selten sagt dann der andere: Bleiben Sie doch nachher noch einen Augenblick hier. Er will mit Ihnen allein reden.

Damit haben Sie die große Chance erfolgreich herausgefordert. Sie können den nächsten Schritt starten. Aber seien Sie vorsichtig.

Wenn Sie jemanden provoziert haben und er sich veranlaßt fühlt, Ihre Ansicht zu widerlegen oder sich zu rechtfertigen, müssen Sie ihm als nächsten Schritt die Gelegenheit dazu geben.

Mit anderen Worten: Jetzt müssen Sie zuhören. Widersprechen Sie ihm nicht. Verteidigen Sie nicht stur Ihre Ansicht. Sie haben sie gesagt und den anderen aufmerksam gemacht. Das genügt.

Jetzt muß *er* reden.

Lassen Sie es zu. Unterbrechen Sie ihn nicht. Hören Sie ihm geduldig und aufmerksam zu. Selbst dann, wenn er Sie beschimpfen oder abkanzeln sollte.

Das ist nur zu Ihrem Vorteil. Wenn er Sie beschimpft und Sie hören ganz ruhig zu, ist dies ein weiterer Pluspunkt für Sie. Denn *ihm* wird es schon ein paar Minuten später leid tun, daß er seine Beherrschung verloren hat.

Er wird sich insgeheim Ihnen gegenüber schuldig fühlen und auf irgendeine Weise eine Möglichkeit suchen, Ihnen zu sagen, daß es gar nicht so gemeint war.

Sich Ihnen gegenüber schuldig zu fühlen bedeutet schließlich nichts anderes, als daß er auch bereit wäre, Ihnen einen Gefallen zu tun.

Also: Reagieren Sie auf eine Beleidigung oder Ungerechtigkeit nicht durch einen Gegenschlag, sondern hören Sie nur ruhig und freundlich zu. Das bringt den anderen in Ihre Schuld.

Wenn Sie hingegen mit Beleidigungen antworten, liefern Sie dem anderen die Rechtfertigung für sein Verhalten.

Verstehen Sie?

Wenn Sie genauso unbeherrscht sind wie er, begeben Sie sich auf die gleiche Ebene. Sie sind nichts

Besonderes für ihn. Wenn Sie sich aber so verhalten, wie er selbst sich im Grunde genommen verhalten möchte, werden Sie für ihn jemand Besonderer.

Sie fallen ihm auf. Er nimmt Sie zur Kenntnis. Genau das ist es, was Sie wollen.

Neunte Anregung

Machen Sie das scheinbar Selbstverständliche zu Ihrem großen Verkaufsschlager

Durch die eindringliche Erziehung zur Bescheidenheit und Selbstverleugnung, die man vielen von uns angedeihen ließ, ist uns nie richtig bewußt geworden, wie wichtig es ist, unsere Fähigkeiten zu dramatisieren.

Man hat uns nicht gesagt »Tue Gutes und rede darüber« sondern »Tue Gutes und behalte es für dich. Denn seine Vorzüge hängt man nicht an die große Glocke.«

Nun, es mag natürlich jemandem große Freude bereiten, seine guten Taten ohne Wissen der Mitwelt zu vollbringen. Meistens jedoch handelt es sich bei diesen Leuten um solche, die schon so viel Geld besitzen, daß sie es sich leisten können, für einen Teil davon vor sich selbst den stillen, edlen Spender zu spielen.

Die meisten Menschen allerdings leben davon, daß sie anderen klarmachen, daß sie gut sind und *wie* gut sie sind. Dies ist ein Bestandteil der Wettbewerbsgesellschaft, in der wir leben und deren Regeln wir spielen müssen.

Wettbewerb heißt: Wenn mehrere Bewerber den gleichen guten Job haben wollen, auf den auch ich scharf bin, muß ich alles mir Mögliche unternehmen, um das Rennen vor den anderen zu machen.

Weiter heißt es folgendes:

1. Ich muß zuerst einmal herausfinden, wer derjenige ist, der darüber entscheidet, welcher Bewerber den Zuschlag erhält.

2. Ich muß den Entscheider auf mich aufmerksam machen, damit er überhaupt einmal weiß, daß es mich gibt.

3. Ich muß diesem Entscheider darüber hinaus klarmachen, daß ich nicht nur gut bin sondern besser als alle anderen Bewerber.

4. Schließlich muß ich ihm zweifelsfrei klarmachen, daß er mich und keinen anderen nehmen soll.

Diese vier Schritte sind der Weg zum Erfolg. Ob es sich darum handelt, das Herz einer Frau oder das Wohlwollen eines Chefs zu gewinnen, jemandem etwas zu verkaufen oder auch nur von jemandem eine kleine Gefälligkeit zu erhalten.

In dem hier vorliegenden Ratgeber geht es hauptsächlich darum, welche Möglichkeiten es gibt, Punkt zwei und drei der Vier-Schritte-Strategie des »Verkaufens« erfolgreich über die Bühne zu kriegen.

Eine Möglichkeit besteht in der Dramatisierung des Selbstverständlichen. Anders gesagt: Nehmen Sie etwas, das dem anderen bisher nicht einmal aufgefallen ist, finden Sie einen geeigneten Aspekt daran und dramatisieren Sie ihn. Machen Sie eine Sternschnuppe daraus oder ein Feuerwerk. Auf jeden Fall etwas, damit der andere erstaunt sagt: »Mensch, das ist ja großartig. Hätte ich gar nicht gedacht, daß in diesem kleinen Ding solch eine Power drinnensteckt.«

Es gibt in der amerikanischen Werbung ein klassisches Beispiel für die Umsetzung dieser Art der Dramatisierung des scheinbar Selbstverständlichen. Es betraf vor einigen Jahrzehnten den beinharten Machtkampf dreier Kaffee-Erzeuger um die größten Marktanteile.

Alle machten sie Reklame und überschlugen sich dabei in Superlativen beim Aufzählen ihrer Vorzüge. Aber je lauter alle hinausposaunten, daß sie und nur sie die Größten und Besten seien, um so mehr wurden die Käufer in ihrer Entscheidung unsicher.

Da hatte der Werbechef der einen Firma die erlösende Idee. Er sagte: »Wir hören damit auf, zu behaupten, daß wir besser seien als die anderen. Wir zeigen den Konsumenten einfach nur, was wir alles tun, damit unser Kaffee erstklassig ist.«

Auf doppelten Seiten in den größten Illustrierten – es gab damals noch kein Fernsehen – wurde in vielen schönen Fotos mit ausführlichen Texten beschrieben, wie sorgfältig man jede einzelne Kaffeebohne auf ihre Qualität überprüft und wie viel Mühe man sich gibt, daraus guten Kaffee zu machen.

Es braucht nicht gesagt zu werden, wer bald danach den größten Marktanteil am amerikanischen Kaffeemarkt besaß. Das Erstaunliche dabei ist, daß alle anderen Kaffee-Erzeuger ihren Kaffee ganz genau auf die gleiche Weise behandeln wie diese Firma.

Die eine aber *sagte* es. Sie machte das, was für die anderen selbstverständlich erschien, zur großen Sensation und erweckte den Anschein, nur sie gäbe sich diese große Mühe zum Wohle des Kunden.

Aus diesem Beispiel können wir alle eines lernen. Nämlich, daß etwas, das uns selbstverständlich erscheint, für jemand anderen keineswegs auch selbstverständlich sein muß. Es liegt an uns, zu erkennen, was es ist und wie wir es dramatisieren.

Auf unser Beispiel bei der Bewerbung um einen Job umgemünzt, bedeutet dies: Es ist besser, ich *zeige* dem anderen, wie schnell ich maschineschreiben kann, als ich sage es ihm nur. Oder: Wenn Sie nicht nur allgemein andeuten, daß Sie ein guter Abteilungsleiter wären, sondern es dadurch beweisen, daß Sie gleich einen Vorschlag machen, was Sie an ihrem zukünftigen Job zum Besseren ändern würden.

Aus dem scheinbar Selbstverständlichen etwas Besonderes machen! In jedem Falle etwas, das demjenigen, den Sie auf sich aufmerksam machen wollen, als etwas Besonderes erscheint. Das ist es, was Sie einfach nur so zum Spaß einmal ausprobieren sollten.

Also vielleicht dadurch, daß Sie sich nicht vorstellen mit: »Guten Tag, ich bin Herr Klimbim«, sondern daß Sie sagen: »Guten Tag, junge Frau, ich bin der Mann, der Sie heute so glücklich macht, wie Sie es noch nie waren.«

Wetten, daß Ihnen die fragliche Dame größere Aufmerksamkeit schenkt als allen anderen, die bloß ihren Namen nannten? Auch dann, wenn bei denen einer dabei war, der die Dame vielleicht tausend Mal glücklicher hätte machen können als Sie.

Aber wie soll sie das ahnen, wenn er mit der Selbstverständlichkeit um sie wirbt, daß er einen Namen hat?

Zehnte Anregung

Unterschätzen Sie nicht das geschriebene Wort

In dieser Zeit des Telefonierens, Fernsehens und der vielen Impulse, die von allen Seiten mit größter Intensität auf uns niederprasselt, vernachlässigen wir leicht die uralte, tausendfach bewährte Möglichkeit des Schreibens.

Für uns selbst etwas aufzuschreiben entlastet unser Gedächtnis. Was in unserem Notizbuch steht, können wir sorglos nach Hause tragen und hervorholen, wenn wir es brauchen. Was wir nur in unserem Gedächtnis registriert haben, versehen wir oft mit dem Vermerk: »Hoffentlich vergesse ich es nicht, bis ich nach Hause komme.« Oder wir sagen jemand anderem: »Ach, laß mich das doch nicht vergessen.«

Was wir uns selbst nicht zutrauen oder wobei wir uns auf jemand anderen verlassen müssen, macht uns Sorgen. Immer wieder denken wir daran und fragen uns: »Was war das nur, was ich nicht vergessen darf?«

Was ich schwarz auf weiß besitze, kann ich nicht vergessen. Dies ist nur ein Vorteil des Aufschreibens. Ein anderer Vorteil ist, daß etwas Aufgeschriebenes beeindruckender ist und meist umfassender und gründlicher durchdacht wird als etwas, das wir nur denken oder jemand anderem am Telefon mitteilen.

Schließlich zwingt das Geschriebene einen Empfänger dazu, einer Mitteilung mehr Beachtung zu schenken. Wenn Sie jemandem zum falschen Zeitpunkt etwas mitteilen, denkt er vielleicht gerade an etwas ganz anderes. Er hört nur mit einem Ohr hin und täuscht Interesse vor. Einen Brief läßt er liegen, bis er tatsächlich Zeit hat, ihn zu lesen. Oder seine Neugierde ist so groß, daß er ihm sofort Aufmerksamkeit schenkt.

Alles Vorteile des Aufschreibens. Ganz davon abgesehen, daß es ein bewährtes Mittel des Dialogs mit sich selbst ist. Nicht grundlos ist das Tagebuch, dem man seine geheimsten Gedanken anvertraut, bis heute so beliebt.

Das Schreiben ist ein Vorgang des Befreiens. Nicht selten richten Menschen Briefe an Bekannte, um sich ein Problem von der Seele zu schreiben. Eigentlich beginnen sie damit, den anderen um Hilfe zu bitten. Aber am Ende des Briefes schreiben sie erleichtert: »Sei nicht böse, daß ich Deine wertvolle Zeit so sehr in Anspruch genommen habe, aber jetzt fühle ich mich schon so erleichtert, daß ich daran glaube, die Sache selbst erledigen zu können!«

Kurz: Geschriebenes wirkt stärker und nachhaltiger als etwas, das nur gedacht oder gesprochen wird.

Damit wird es zu einem ausgezeichneten Instrument im Rahmen jeder Strategie des Auf-sich-aufmerksam-Machens. Vermutlich denken Sie selbst beim Lesen dieser Zeilen: »Ja, ja, das stimmt.« Und doch haben Sie von dieser einfachen Möglichkeit viel zu wenig Gebrauch gemacht.

Warum eigentlich?

Hier sind einige mögliche Gründe dafür aufgezählt. Als Anregung, wenn Sie selbst darüber nachdenken. Und Sie sollten darüber nachdenken, weil das Erkennen der Gründe für unser Verhalten der erste Schritt zur Verbesserung ist.

Hier also die Aufzählung:

- Sie schreiben nicht, weil Sie einfach nicht daran gedacht haben.
- Sie schreiben nicht, weil Sie sich beim Formulieren nicht sicher sind und fürchten, Sie könnten Fehler machen.
- Sie schreiben nicht, weil Sie ein Rede-Typ sind.
- Sie schreiben nicht, weil Sie ein mißtrauischer Mensch sind, der sich nicht festlegen will.

- Sie schreiben nicht, weil Sie immer dann, wenn Sie etwas schreiben wollen, weder Bleistift noch Papier zur Hand haben.

Lassen Sie uns zu jedem dieser Gründe, *nicht* zu schreiben, ein paar Hinweise geben. Die natürlich nur dann auf fruchtbaren Boden fallen können, wenn Sie grundsätzlich zur Einsicht gekommen sind, daß Sie das Schreiben als Instrument des Aufmerksammachens in Zukunft mehr als bisher nützen wollen.

Wenn Sie bisher zuwenig geschrieben haben, weil Sie einfach nicht daran dachten, genügt es, wenn Sie über Ihrem Schreibtisch einen Zettel an die Wand pinnen, auf dem steht:

> »Schreib mehr. Es macht
> überall dort mehr Eindruck,
> wo andere bloß reden!«

Wenn Sie in Ihren Formulierungen unsicher sind, dann vermutlich deshalb, *weil* Sie so selten schreiben. Üben ist ja bekanntlich die Voraussetzung für die Erlangung der Meisterschaft in einer Fertigkeit.

Wenn Sie ein Rede-Typ sind, bleibt doch die Tatsache bestehen, daß Sie nicht selten das Gesagte mit geschriebenen Sätzen verstärken können. Ganz einfach, weil ein geschriebenes »Alles Gute zum Geburtstag« mehr Anteilnahme vermuten läßt als eine schnelle Gratulation am Telefon.

Wenn Sie nicht schreiben, weil Sie sich damit nicht festlegen wollen, dann ist dies eine persönliche Entscheidung. Es liegt an Ihnen, ob Ihnen Ihr Mißtrauen wichtiger ist als ein Vorteil bei der Beeinflussung eines Menschen, als der Vorteil, den Sie durch einen Brief anderen gegenüber erzielen könnten.

Einfach ist das, was wir Ihnen zum letzten Grund auf unserer Liste sagen können: Kaufen Sie fünf kleine Notizblocks und fünf billige Kugelschreiber und verteilen Sie sie im ganzen Haus. Damit Sie auf diese Weise wieder die Freude und Sicherheit des Aufschreibens kennenlernen.

Wenn nach einiger Zeit das Bedürfnis bei Ihnen erwacht, mehr zu schreiben, als nur Notizen auf kleine Zettel, dann wird es Ihnen wert sein, Briefpapier zu suchen und sich an den Schreibtisch zu setzen.

Damit das Schreiben nicht nur zu einem nützlichen Instrument sondern zur Freude wird, die Ihnen nebenbei auch nützt, müssen Sie es lange genug üben.

Tun Sie es doch.

Elfte Anregung

Je mehr Details Sie über den anderen wissen, um so mehr beeindrucken Sie ihn

In diesem Ratgeber ist immer wieder von »anderen« die Rede, also von einem Menschen, dessen Aufmerksamkeit Sie erwecken wollen. Er ist, auch wenn er ein noch so netter Mensch sein sollte, doch Ihr Gegner in dem manipulativen Spiel, das Sie mit ihm vorhaben.

Es ist ein Spiel. Und es ist Manipulation. Und noch etwas: Sie spielen dieses Spiel zu Ihrem eigenen egoistischen Nutzen. Diese drei Dinge sollten Sie sich klarmachen.

Warum dies so wichtig ist?

Weil viele Menschen wohl in ihrem Leben das höchste Ziel erreichen wollen, aber nicht die Konsequenz besitzen, dafür auch den erforderlichen Einsatz zu leisten.

- Sie wollen niemandem »weh tun.«
- Sie möchten von jemandem etwas, aber ausnützen wollen Sie ihn wieder auch nicht, diesen netten Menschen.

- Sie wollen einen Vorteil, aber »doch nicht auf Kosten eines anderen Menschen.«

Die Halbherzigkeit ist der größte Gegner für jemanden, der weiß, was er will und entschlossen ist, es zu erreichen. Er kommt nicht darum herum, sich zu seinem Egoismus zu bekennen und auch dazu, daß es sportlich, legal und notwendig ist, andere Leute zum eigenen Nutzen zu manipulieren.

Deshalb hier noch einmal die Erinnerung an den interessierten Leser: Auf sich aufmerksam zu machen ist nicht allein die Sache einiger Tips, die man befolgt und einübt. Es ist vor allem eine Frage der konsequenten Einstellung.

Also nicht des: »Ich werde es dann eben einmal versuchen und sehen, ob ich es schaffe« sondern des: »Ich mache es. Und wenn ich beim ersten Mal noch Fehler mache, lerne ich daraus und versuche es so lange, bis es gelingt.«

Konsequenz ist also erforderlich. Dies gilt auch für die Details unserer Bemühungen. An jemanden heranzukommen, ihn aufmerksam zu machen und schließlich zu veranlassen, das zu tun, was wir von ihm erwarten, bedeutet, daß wir vorgehen wie ein Feldherr, der eine feindliche Festung erobern will.

Er muß die Stärken und Schwächen seines Gegners kennen und wissen, wann und wo er seinen Angriff beginnt. Er braucht Reserven. Vor allem aber muß er so viele Details über den Gegner in Erfahrung bringen als nur möglich.

Wenn einer zum anderen hingeht und ihm geradeheraus sagt: »Hören Sie einmal zu, ich möchte, daß Sie nächste Woche zu meiner Party kommen. Das ist für mich wichtig. Sie mit Ihrem Prestige und Ihrer Position sind ein guter Aufputz. Das bedeutet für mich einen ungeheuren gesellschaftlichen Gewinn, wenn man Sie bei mir sieht«, dann kann es durchaus sein, daß der andere überrumpelt ist und zusagt.

Es mag sein, daß er zusagt, aber dann doch nicht kommt, weil es ihm schon ein paar Minuten später leid tut, zugesagt zu haben. Es kann auch sein, daß er kommt, aber sich im Grunde genommen von Ihnen überrumpelt fühlt und nun seinerseits versucht, sich auf irgendeine Weise dafür zu rächen.

Es gibt tatsächlich manche Leute, die als Bluffer beachtliche Erfolge dabei haben, andere Leute für sich zu gewinnen und auszunützen. Aber diese Fähigkeit muß jemandem liegen. Vor allem muß man sie durchstehen können. Man darf nicht zimperlich sein. Weder den anderen noch sich selbst gegenüber.

Aber diese Methode verhält sich der Idee der vorliegenden Anregung gegenüber so wie der Kampf mit dem Holzhammer zu einer Konfrontation mit dem eleganten Florett.

Der Angriff mit dem Florett würde im obigen Fall ungefähr so vor sich gehen:

- Sie finden heraus, ob sich unter Ihren Bekannten und Freunden jemand befindet, der den ominösen Herrn X kennt, den Sie zu Ihrer eigenen Prestigeaufwertung gerne auf Ihrer Party herzeigen würden. Diesen Freund laden Sie ein und benützen ihn als Lockvogel für X.

- Sie sehen sich auch im Bekanntenkreis des Herrn X um, ob sich nicht dort jemand befindet, den Sie kennen. Der Ihnen vielleicht sogar einen Dienst schuldet. Sie benützen ihn als Fürsprecher.

- Wenn weder das eine noch das andere der Fall ist, dann sorgen Sie in einer eigenen Manipulations-Spiel-Variante dafür, daß Herr X selbst Ihnen zu Dank verpflichtet wird. Sie können es, indem Sie ihm einen Gefallen erweisen, der für ihn wichtig ist.

- Für alle drei hier angeführten Punkte ist eines unumgänglich: Daß Sie möglichst viel über ihn wissen. Wer seine Freunde sind, wer Ihre Freunde sind, oder welche Gefälligkeit er braucht, damit er sich nicht nur an Sie erinnert sondern Ihnen zusätzlich so viel Dank schuldet, daß er auf Ihre Einladung zur Party nur eine einzige Antwort geben kann: »Ja, da komme ich hin, das bin ich Ihnen doch schuldig.«

Zugegeben, dieses Handlungsmodell klingt im ersten Augenblick kompliziert. Man neigt dazu, es schnell abzutun, mit dem Argument: »Ach was, soviel Mühe ist mir doch der Kerl gar nicht wert. Dann habe ich ihn eben nicht als Aushängeschild bei meiner Party.«

Selbstverständlich steht es jedem frei, nach eigenen Vorstellungen zu entscheiden, was für ihn wichtig ist.

Es steht ihm auch frei, ein Ziel wieder fallenzulassen, wenn die ersten Hindernisse auftauchen oder wenn einiger Aufwand erforderlich ist.

Aber das ist es ja: Wer nicht genügend Konsequenz besitzt, der wird vermutlich mit keiner der hier vorgeschlagenen Anregungen viel zu seinem Vorteil anfangen können.

Sich selbst zu verkaufen bedeutet zweierlei:

- Wissen, wie man es macht.

- Die erforderlichen Anstrengungen auf sich nehmen.

Oder aber Sie gehören nun einmal zu jenem Typ von Mensch, der geduldig darauf wartet, bis die anderen auf ihn zukommen, statt selber die ersten Schritte auf die anderen zu zu machen.

Im ersteren Fall haben Sie diesen Ratgeber wohl vergeblich gekauft. Es sei denn, Sie entscheiden sich jetzt noch, es ganz einfach einmal probeweise zu versuchen, Ihr Leben selbst in die Hand zu nehmen.

Zwölfte Anregung

Der Anreiz zum Wettbewerb, bei dem der andere gewinnt

Selbstverständlich gibt es für einen Menschen kaum etwas Schöneres im Leben als einen Sieg – in welcher Disziplin auch immer. Sei es die Eroberung eines Mannes oder einer Frau, die man liebt. Sei es der Sieg im lokalen Tennisturnier oder das Lob des Chefs vor versammelter Mannschaft.

Ein Sieg gehört jedenfalls zu den besonders geeigneten Möglichkeiten, andere auf sich aufmerksam zu machen. Ein Sieger hat vielerlei Vorzüge in den Augen der anderen: Er, oder sie, steht im Rampenlicht. Man kann sich an seiner Seite sonnen. Man kann sich selbst durch Anhängerschaft in den Sieg eines Siegers hineinprojizieren und auf diese Weise an einem Zipfelchen des Ruhmes teilhaben.

Wenn Sie also ein Siegertyp sind, werden sich für Sie kaum Probleme dabei ergeben, auf sich aufmerksam zu machen. Es sei denn, sie sind an jenem Punkt angelangt, der wohl kaum einem Sieger erspart bleibt: Dem Punkt der Niederlage.

Dann allerdings wenden sich Beachtung und Bewunderung dem neuen Sieger zu. Der alte wird –

wenn er einen einigermaßen würdigen Abgang schaffte – noch respektiert. Aber er steht nicht mehr im Mittelpunkt.

Er muß nun drangehen, neue Strategien zu entwikkeln, um die Mitwelt auf sich aufmerksam zu machen. Er kann noch eine Weile vom alten Ruhm zehren. Aber auch nur, wenn er sich richtig verhält. Wir alle kennen ja die Geschichte des einst großartigen Sportlers, der ein Jahr nach seinem Abtritt betrunken am Straßenrand aufgelesen und wegen schwerer Körperverletzung vor Gericht gestellt wurde.

Wer hoch hinaus gelangt, kann auch tiefer fallen als andere.

Deshalb wollen wir uns hier mit jenen Möglichkeiten beschäftigen, die jemand hat, der nicht gerade zu den geborenen Siegern gehört.

Eine dieser Möglichkeiten besteht darin, jemand anderen *so* siegen zu lassen, daß er uns nachher dafür dankbar ist.
Dankbarkeit zu erwirken ist schließlich eine sehr gut geeignete Methode, jemanden zu veranlassen, etwas für uns zu tun.

Die Strategie lautet: Fordern Sie jemanden zum Wettbewerb in einer Sparte heraus, in der er sicher gewinnt.

Diese Anregung mag für manchen Leser eigenartig klingen. »Wie«, wird er sich vielleicht fragen, »kann ich durch eine Niederlage auf mich aufmerksam machen?«

Es stimmt: Die Aufmerksamkeit der meisten Mitmenschen wird im Augenblick des Sieges dem *anderen* gehören, dem Sieger. Aber es ist sehr wahrscheinlich, daß die Aufmerksamkeit, vielleicht sogar die Dankbarkeit des Siegers *Sie* gewinnen. Die meisten Menschen sind in Augenblicken des Sieges besonders großzügig. Sie dürfen auch nicht vergessen, daß in jedem Sieger eine ganz natürliche unbewußte Dankbarkeit dem Besiegten gegenüber vorhanden ist. Schließlich hätte er ohne diesen ja gar nicht siegen können.

Verstehen Sie, was gemeint ist?

Zugegeben, diese Strategie des Auf-sich-aufmerksam-Machens bewegt sich sehr stark im psychologischen Bereich der Zusammenhänge.

Aber ist sie ganz von der Hand zu weisen?

Lassen Sie uns also die Überlegung hier noch einmal systematisch der Reihe nach entwickeln:

- Da ist jemand, dessen Aufmerksamkeit oder Dankbarkeit Sie aus irgendwelchen Gründen erringen möchten.

- Sie wissen, daß er in der Disziplin X besser ist als Sie. Es schadet auch nicht, wenn er Ihnen gleichwertig oder sogar leicht überlegen ist. Wenn er zu sehr überlegen ist, eignet sich die Disziplin für Ihr Vorhaben nicht, weil der Herausforderung dann ja jede Spannung fehlt.

- Nun fordern Sie ihn zum Wettbewerb heraus. Also zu einem sportlichen Wettstreit. Wenn möglich mit Zuschauern.

- Wenn der andere besser ist als Sie, wird er ganz von selbst gewinnen. Wenn er nicht so gut ist, helfen Sie nach, damit er gewinnt.

- Er hat seinen großen Auftritt. Für einige Zeit steht er im Mittelpunkt. Er ist euphorisch, großzügig, dankbar.

- Sie treten nun nicht – wie es viele Besiegte machen würden – verbittert und enttäuscht ab, womöglich noch mit der Beschuldigung, daß es hier nicht mit rechten Dingen zugegangen sei. Im Gegenteil: Sie zollen dem Sieger Beifall, loben ihn vor den anderen Leuten, heben Details seiner Leistung hervor. Dabei übertreiben Sie sogar noch ein wenig.

- Dann bleiben Sie so lange in der Nähe des Siegers, bis sich die Beifallskundgebungen der anderen gelegt haben und es um ihn merklich stiller geworden ist.

- Genau dieser Zeitpunkt ist wichtig für die Maßnahme, den anderen besonders auf sich aufmerksam zu machen. Er spürt wohl noch den Stolz des Sieges, aber er fühlt sich nach dem Abflauen des Rausches wieder allein. Sein Bedürfnis, sich mitzuteilen, ist größer als sonst. Und Sie sind da, um ihm zuzuhören.

Es tritt also in dieser Situation die Anregung Nummer 3 dieses Ratgebers in Kraft. Sie lautet: »Interessiert zuzuhören beeindruckt manchmal mehr als hundert schöne Worte.«

Sicherlich gibt es noch andere Möglichkeiten, diese Situation zu nützen. Aber darüber nachzudenken liegt an Ihnen. Hier sollte Ihnen lediglich eine Anregung gegeben werden, eine von mehreren Varianten des »Auf-sich-aufmerksam-Machens« ins Auge zu fassen, wenn die Umstände dafür günstig sind. Vor allem jedoch sollten Sie darauf hingewiesen werden, daß es durchaus möglich ist, eine Niederlage von vorneherein als Sieg in sein Konzept einzuplanen.

Vorausgesetzt, man weiß, wie es funktioniert.

Wissen Sie es jetzt?

Dreizehnte Anregung

Gestehen Sie einen Fehler ein, bis Ihr größter Gegner Sie tröstet

Wir sollten uns nichts vormachen, das Auf-sich-aufmerksam-Machen heißt unter anderem auch: Ein bißchen mehr Theater spielen als die anderen, damit man *uns* mehr beachtet als sie. Es heißt auch dramatisieren, eine Show inszenieren und die Dinge ins rechte Licht zu rücken. In das für uns vorteilhafte Licht, versteht sich. Man kann auch sagen: Wer am lautesten weint, wird am meisten bedauert.

Die Ausgangssituation besteht darin, daß sich nahezu jeder Mensch gut fühlt, der jemand anderen bedauern kann, dem es schlechter geht. Jemanden zu trösten vermittelt uns selbst den Eindruck, ein edler Mensch zu sein.

Bei der vorliegenden Anregung geht es darum, dieses Gefühl zu unserem Vorteil zu nützen.

Nehmen wir an, Sie machen einen schweren Fehler, auf den Ihr größter Gegner schon lange gewartet hat. Sofort stürzt er sich darauf, um ihn auszuschlachten. Vermutlich wird er es nicht tun, wenn er allein mit Ihnen ist. Nein, er will es ja genießen, in

Ihren Wunden zu wühlen, und das kann er am besten vor Zuschauern.

Dort also, im richtigen Rahmen, bringt er Ihren Fehler zur Sprache. Er geht ins Detail, bauscht die Folgen auf und läßt auch sonst kein gutes Haar an Ihnen.

In dieser Situation gibt es zwei Möglichkeiten, darauf zu reagieren:

Variation A: Sie tun das, was die meisten Leute tun. Sie verteidigen sich, versuchen die Schuld auf jemand anderen zu schieben und führen alle möglichen Entschuldigungen an, warum alles so gekommen ist.

Dies ist die übliche Weise, einem Fehler und den damit verbundenen Anschuldigungen zu begegnen. Es ist eine Defensiv-Strategie, die bei den Mitmenschen keine große Hochachtung auslöst. Wer das Übliche tut, erntet weder große Beachtung noch sonderlichen Respekt.

Variante B: Sie hören sich die Anschuldigungen in aller Ruhe an, nicken gelegentlich zustimmend mit dem Kopf und lassen durch Ihre Haltung keinen Zweifel darüber, daß es sich hier um eine sehr ernste Sache handelt.

Dann aber machen Sie nicht den geringsten Versuch, sich zu rechtfertigen oder zu verteidigen.

Ganz im Gegenteil. Sie bauen die Folgen, die Ihr Gegner angeführt hat, noch aus und dramatisieren sie. Sie zeigen zusätzlich noch auf, welche anderen Leute durch diese dumme Sache in Gefahr geraten sind. Schließlich übernehmen Sie auch noch die Verantwortung für Fehler, die in dieser Sache nicht Sie, sondern andere Beteiligte gemacht haben.

Zum Schluß Ihrer Ausführungen sagen Sie noch, wie sehr Ihnen alles leid tut und wie Sie sich bemühen werden, den Fehler – der unverzeihlich ist – wiedergutzumachen.

Um es ganz offen zu sagen: Es geht hier um eine gezielte Dramatisierung, um eine Übertreibung der Tatsachen und eine Flucht nach vorne, um aus einem Fehler und einem daraus resultierenden Angriff gegen Sie einen Vorteil zu machen.

Denn eines ist sicher: Wenn Sie mit dieser Show der Selbstzerfleischung zu Ende sind – und Sie haben Ihre Rolle gut gespielt –, dann wird Ihr Schicksal den anderen nicht mehr gleichgültig sein. Man wird mitfühlen. Man wird Sie trösten und Ihnen wahrscheinlich sagen, daß alles gar nicht so schlimm ist, und daß man, wenn alle zusammenstehen, die Geschichte schon wieder in Ordnung bringen wird.

Man wird schließlich Sie mehr respektieren als Ihren Gegner, diesen miesen Kerl, der Ihre Schwäche ausnützen und noch auf Ihnen herumtrampeln wollte, als Sie schon wehrlos auf dem Boden lagen.

Und auf einen Wehrlosen einzuprügeln, flößt niemandem Respekt ein.

Wenn wir einen Fehler machen, können wir:

- versuchen, ihn vor den anderen zu verbergen, bis Gras darüber gewachsen ist. Dies bedeutet allerdings, daß wir einige Zeit lang nicht gut schlafen können. Aus Angst, die Sache fliegt auf.

- versuchen, ihn auf andere abzuwälzen, und unsere Hände in Unschuld waschen. Die Folge davon wird sein, daß die anderen sich zur Wehr setzen und ihrerseits versuchen, von sich abzulenken. Freunde jedenfalls macht man sich auf diese Weise nicht.

- uns selbst so eindringlich beschuldigen, bis die anderen sagen: »Er hat zwar einen Fehler gemacht. Aber eines muß man ihm lassen – er steht dazu.«

Schließlich gibt es noch eine weitere Möglichkeit, auf einen Fehler zu reagieren, bei dem zu befürchten ist, daß andere Leute ihn gegen uns ausschlachten. Es ist die geschickteste und mutigste Variante. Sie besteht darin, allen Anschuldigungen zuvorzukommen und sozusagen ein Geständnis abzulegen.

Das Argument, das dabei nützlich ist, lautet: »Um einen größeren Schaden zu verhindern ...« Ich gestehe meinen Fehler von mir aus ein, um größeren Schaden zu verhindern. Also zum Wohle der anderen, der Firma oder wer auch immer davon betroffen sein könnte.

Diese Flucht-nach-vorne-Strategie kann, und dies muß auch gesagt werden, völlig ihre Wirkung verfehlen, wenn sie halbherzig angetreten wird. Sie muß aus ehrlicher Überzeugung und nicht bloß mit allem zur Verfügung stehenden schauspielerischen Talent gestartet werden. Nur so ist zu erwarten, daß auch das Mitgefühl der anderen echt ist.

Dies schließt natürlich keinesfalls aus, daß wir unsere ehrliche Überzeugung in der für uns vorteilhaftesten Verpackung verkaufen.

Und diese Verpackung heißt Übertreibung.

Wenn Sie sich also eindringlich und überzeugend genug beschuldigt haben, wird selbst Ihr brutalster Gegner sagen: »Also, hören Sie, so schlimm war das doch auch wieder nicht.«
Sie aber nehmen diesen Trost keineswegs bereitwillig an, sondern drehen die Übertreibung noch um einen Zahn weiter, indem Sie sagen: »Das ist wirklich sehr freundlich von Ihnen, daß Sie mich trösten wollen. Aber das ändert nichts daran, daß mein Verhalten unverzeihlich war und ich gar nicht weiß, wie ich das Ihnen und den anderen gegenüber, die Sie soviel Verständnis zeigen, jemals wiedergutmachen kann.«

Wenn Sie so weit sind, haben Sie gewonnen. Statt Schadenfreude werden Sie Bewunderung ernten. Man wird sich mit Ihnen solidarisieren, um den Schaden wiedergutzumachen. Sie haben zwar einen Fehler begangen, aber Sie haben das Beste daraus gemacht. Im Grunde genommen sind Sie der Held, mit dem sich alle beschäftigen.

Eine geradezu geniale Art, aus einer Niederlage einen Sieg zu machen, finden Sie nicht auch? Warum machen Sie also nicht öfter davon Gebrauch?

Vierzehnte Anregung

Wenden Sie das Manipulationsgesetz der qualitativen Verstärkung an

Das Manipulationsgesetz der Wiederholung besagt: Wiederholen Sie eine Botschaft so lange, bis sie dem anderen so vertraut geworden ist, daß er sie glaubt. Wie wir davon Gebrauch machen können, um auf uns aufmerksam zu machen, haben wir in einer früheren Anregung erfahren.

Hier geht es um das Manipulationsgesetz der qualitativen Verstärkung. Zu deutsch: Wer eine Autorität besitzt oder sich auf eine Autorität berufen kann, wird mehr respektiert als andere. Vorausgesetzt, er verkauft sich richtig.

Wenn jemandem fünf Leute vorgestellt werden, wird er mit großer Wahrscheinlichkeit jener Person mehr Aufmerksamkeit schenken, bei der es hieß: »Und das ist Frau Medizinalrat Professor Doktor Maier.« Die Müllers, Rottenbergs, Schuhmachers und Bergers werden schneller vergessen sein als diese Dame.

Tatsächlich dienen vielen Menschen ihre Titel zu nichts anderem, als damit auf sich aufmerksam zu machen. Das ist der Grund dafür, daß Ärzte auf ihre

Schilder an der Tür nicht einfach »Karl Grohe, Arzt« schreiben, sondern womöglich Univ.-Prof. Dr. Karl Grohe. Und warum ein Mittel, das angeblich Haare wieder wachsen läßt, nicht einfach »Dralles Haarwasser« heißt, sondern »Doktor Dralles Haarwasser.«

Zu Recht wird hier vermutlich der Leser fragen: »Das ist alles schön und gut. Aber was mache ich, wenn ich weder einen geeigneten Titel noch sonst eine brauchbare Autorität besitze, die andere zur Beachtung zwingt?«

Die Antwort darauf ist einfach. Sie lautet: Sie berufen sich auf eine Autorität.

Hier ist eine Liste solcher Möglichkeiten:

- Ein Buch, »das man gelesen haben muß«.

- Die Bekanntschaft mit einem allgemein geachteten Menschen.

- Ein glaubhaftes Zitat, möglichst in einer fremden Sprache.

- Eine Instanz, auf die man sich berufen kann.

- Ausgefallenes Wissen.

Wenn Sie bei einem Abendessen mit einigen Leuten beisammensitzen, die vielleicht von Stand oder

Karriere ein bißchen über Ihnen stehen, und das Gespräch könnte sich etwa um das Leben nach dem Tod drehen, hören Sie eine Weile zu. Dann sagen Sie in eine Gesprächspause hinein, so, daß alle es hören können: »Haben Sie vielleicht das Buch von Professor Margerie Sutherland, ›Zwölf Theorien über das Weiterleben nach dem Tod‹, gelesen?«

Nach einer Pause des Erstaunens in der Runde fügen Sie hinzu: »Dort wird eine bemerkenswerte Behauptung aufgestellt, die meine frühere Ansicht über dieses Thema grundlegend verändert hat.«

Mit diesen beiden Sätzen können Sie sicher sein, die Aufmerksamkeit auf sich gelenkt zu haben, ohne selbst Titel, Rang oder einen bekannten Namen zu besitzen.

Und was haben Sie getan?

- Sie haben Wissen auf einem Gebiet angedeutet, das jeden interessiert, über das die wenigsten jedoch Informationen besitzen.

- Sie haben Bildung signalisiert, weil Sie ein seltenes Buch gelesen haben. Noch dazu von einer ausländischen Autorin.

- Sie ließen erkennen, daß Sie sich in einer Sache zu einer Entscheidung durchgerungen haben, der andere Leute lieber aus dem Wege gehen.

- Und Sie haben die Leute neugierig darauf gemacht, wie denn diese Entscheidung tatsächlich lauten könnte.

Bei allen diesen Signalen, die in Ihren beiden Sätzen enthalten sind, haben Sie doch nicht zu viel gesagt. Dies ist ein wichtiger Aspekt, der nicht vernachlässigt werden darf.

Wenn Sie in das Gespräch mit dem Satz hineingeplatzt wären: »Aber ich bitte Sie, es gibt doch gar keinen Zweifel darüber, daß das Leben nach dem Tod weitergeht«, wäre die Reaktion der Zuhörer mit großer Wahrscheinlichkeit ganz anders gewesen.

Einige hätten sich davon abgestoßen gefühlt, daß hier jemand auf so selbstherrliche Weise ein Thema abtut, das keineswegs so klar ist. Andere wieder wären beleidigt gewesen, für dumm verkauft zu werden, weil sie etwas nicht wissen, was doch jedes Kind wissen muß, weil es darüber »doch keinen Zweifel« gibt.

Vermutlich wäre ein Augenblick der Peinlichkeit entstanden, den jemand durch eine schnelle ablenkende Bemerkung überbrückt hätte. Ablenkend – von Ihnen, der die peinliche Situation hervorgerufen hat.

Eine Gruppe mit dem Wissen aus dem Buche von Margerie Sutherland auf sich aufmerksam zu machen, setzt natürlich voraus, daß Sie dieses Buch gelesen oder wenigstens überflogen haben. Das kann Zufall sein. Oder auch nicht. Es gibt gründliche Menschen, die bereiten sich auf Begegnungen mit Leuten, deren Aufmerksamkeit oder Sympathie sie erringen wollen, ganz gezielt vor. Sie lesen in Büchern nach, die sich mit Themen beschäftigen, die bei so einer Begegnung zur Sprache kommen könnten. Manche schreiben sich sogar geeignete Zitate auf kleine Zettel, um sie besser behalten zu können.

Es gibt auch Leute, die kleine Hefte besitzen, die voll mit Witzen jeder Art sind, die sie immer wieder nachlesen und auswendig lernen, um sie bei passender Gelegenheit vortragen zu können. Denn zweifellos bedeutet es eine gewisse Autorität, wenn man eine vom vielen Essen, Trinken und Reden müde gewordene Gesellschaft mit ein paar passenden Worten wieder in Stimmung bringen kann.

Viel einfacher ist es allerdings, wenn Sie den einen oder anderen prominenten Menschen mehr oder weniger persönlich kennen. Dann können Sie mit gespielter bescheidener Zurückhaltung die Bemerkung einwerfen: »Neulich hat mir der Staatspräsident von Burudi beim Abendessen erklärt, daß ...«

Oder: »Vor einiger Zeit wollte mich der Ministerpräsident davon überzeugen, daß im nächsten Jahr die Arbeitslosigkeit um mindestens eineinhalb Prozent gesenkt werden kann. Aber als ich ihm eine Wette vorschlug, kniff er.«

In diesem Falle nützen Sie die Bekanntschaft mit einem Prominenten, um sich selbst eine gewisse Autorität zu verleihen.

Angeberei? Nun ja, vielleicht. Aber sicherlich ändert dies nichts daran, daß Sie eine schelmische Freude empfinden werden, wenn Sie plötzlich feststellen, daß Sie nach so einer Bemerkung von den Anwesenden mit viel mehr Hochachtung bedacht werden als vorher, als Sie einfach nur ein Irgendjemand ohne Titel waren.

Fünfzehnte Anregung

Am stärksten beeindrucken Sie andere, wenn Sie zum richtigen Zeitpunkt verzichten können.

Am Schluß dieses Ratgebers möchten wir Sie noch auf eine Erkenntnis hinweisen, die viel zuwenig beachtet wird. Auf die außergewöhnliche Fähigkeit des Verzichtenkönnens. Verzichtenkönnen heißt:

»Nein« zu sagen, wenn andere Leute aus Angst »Ja« sagen, obwohl sie ganz genau wissen, daß es falsch und für sie von Nachteil ist.

Es gibt unendlich viele Menschen, die nicht »Nein« sagen können und deshalb von ihren Mitmenschen ausgenützt werden. Sie genießen keinen großen Respekt. Man denkt über sie: »Ach *der*, zu dem kann ich immer kommen, wenn ich etwas brauche, der kann mir keine Bitte abschlagen.« Zu viel Gefälligkeit wird als Schwäche ausgelegt.

Anders ausgedrückt: Wir dürfen uns nicht wundern, daß unsere Wertschätzung in den Augen der anderen sinkt, wenn wir uns immer nur billig verkaufen. Was selbstverständlich ist, wird nicht geschätzt. Was mit Anstrengung erworben werden muß, gewinnt allein dadurch schon an Wert.

Höchste Anerkennung durch andere erfordert ein hohes Maß an eigener Persönlichkeit. Zur richtigen Zeit »Nein« sagen zu können signalisiert starke Persönlichkeit.

Nehmen wir an, jemand hat Sie ein Jahr lang durch kleine Gefälligkeiten ausgenützt, die er von Ihnen verlangte und die Sie aus Höflichkeit nicht ablehnen wollten. Von Mal zu Mal verlangt er mehr von Ihnen. Sie ärgern sich jedes Mal darüber, daß Sie wieder nachgegeben haben. Aber letzten Endes sagen Sie dann doch wieder »Ja«.

Es gibt eine wirkungsvolle Möglichkeit, diesem Kreislauf des Ausgenütztwerdens zu entkommen: Indem Sie beim nächsten Mal ganz entschlossen »Nein« sagen. Sie verzichten damit darauf, in den Augen des anderen ein guter, netter, ewig hilfsbereiter Mensch zu sein.

Sicherlich, der andere wird sich dagegen wehren. Er wird zuerst erstaunt fragen: »Aber früher hast du mir doch immer geholfen. Was ist plötzlich los mit dir?« Er wird Sie einen Egoisten nennen, der für einen Menschen nichts übrig hat, der so dringend die Hilfe eines einfühlsamen Menschen braucht.

Die Argumente der Leute sind vielfältig, wenn sie uns bei der Stange halten wollen. Aber zeigt nicht bereits dies, daß sie anfangen, uns jene Wertschätzung zu zollen, die sie vorher nicht für notwendig gefunden haben, weil sie das, was sie wollten, ohne Gegenwehr erhielten?

Uns möglichst teuer verkaufen, nicht gleich zustimmen, einfach einmal »Nein« sagen, wenn der andere glaubt, er hätte leichtes Spiel mit uns – alles das zwingt die anderen, uns zu beachten und zu schätzen.

Deshalb sollten wir davon Gebrauch machen. Keineswegs aus purer Eitelkeit. Nein, sondern vor allem, um die anderen nicht unsererseits dazu zu erziehen, uns immer weiter und immer unverschämter auszunützen.

Vor einiger Zeit stand in der Zeitung die Meldung über eine Braut, die vor dem Traualtar, als der Pfarrer ihr die berühmte Frage stellte, ganz einfach laut und deutlich »Nein« sagte. Dann drehte sie sich um und ging nach Hause.

Als die Verwandten aufgeregt hinter ihr herhetzten, ihr zuredeten, tausend Fragen stellten, meinte sie nur: »Seltsam, bisher war alles ganz selbstverständlich. Die Hochzeit wurde von euch vorbereitet, das Kleid hat meine Mutter ausgesucht, den Trauring kaufte mein Verlobter. Ich kam mir vor wie eine Sache, über die man verfügt, wie man will, ohne sie auch nur ein einziges Mal nach den eigenen Vorstellungen fragen zu müssen. Jetzt plötzlich interessieren sich alle für mich, weil ich ein einziges Mal nicht das getan habe, was alle erwarteten.«

Ein kluges Mädchen.

Verdient sie nicht unsere Bewunderung? Noch mehr: Können wir nicht von ihr einiges lernen?

Bemerkungen zum Abschied

Lassen Sie uns am Ende dieses Ratgebers dem bisher Gesagten noch ein paar Sätze hinzufügen.

Vor allem dies: Was immer Sie sich von den hier gebotenen fünfzehn Anregungen erwarten – es erfüllt sich nur in jenem Maß, in dem Sie selbst alles Ihnen Mögliche zu ihrer Verwirklichung beitragen.

Manches mag Ihnen trivial und hanebüchern erschienen sein. Das ist es vermutlich auch. Es mag daran liegen, daß viele wichtige Dinge des Lebens selbstverständlich sind. Wir schätzen sie oft nur deshalb nicht, weil sie uns zu einfach erscheinen, in einer Zeit, in der nichts kompliziert genug sein kann, um als bedeutend betrachtet zu werden.

Ärzte schreiben ihre Rezepte in lateinischer Sprache. Weil wir sie nicht lesen können, halten wir sie für richtig. Wir trainieren unseren Körper nicht mehr einfach dadurch, daß wir gymnastische Übungen machen. Das wäre viel zu primitiv. Wir kaufen Hanteln und Zimmerfahrräder oder quälen uns in Kraftkammern mit sündteuren Geräten das Gewicht aus dem Leib.

Was nicht kompliziert und teuer ist, meinen wir, kann auch nicht gut sein. Deshalb tun wir ja auch so wenig für unsere körperlichen und seelischen Bedürfnisse, weil wir es gar nicht glauben können, daß wir dazu imstande wären – in dieser Zeit der sogenannten Spezialisten.

Was in diesem Ratgeber vorgeschlagen wird, geht von der gegenteiligen Überlegung aus. Nämlich davon, daß vor allem wir selbst es sind, die uns helfen können, im Leben das zu erreichen, was wir erreichen möchten.

Wenn es Ihnen tatsächlich gelingt, das eine oder andere des hier Vorgeschlagenen in der Praxis Ihres Alltags erfolgreich anzuwenden, ist dies vielleicht ein Schritt zurück zu der Erkenntnis, daß sehr oft die einfachsten Lösungen die besten sind.

Wir wünschen Ihnen solche Erkenntnisse.

Viel Freude damit.

Wege zu einer neuen Partnerschaft mit sich selbst

Kirschners Lebensschule

Josef Kirschner weist Wege zur optimalen Verwirklichung der eigenen Lebensvorstellung. Schritt für Schritt kann jeder lernen, welche Lösungsmöglichkeiten es für konkrete Lebensprobleme gibt, wird ermutigt, ermahnt, angeregt, zu sich selbst zu finden. Die ersten vier Bände dieser in Zusammenarbeit mit Psychologen erstellten »Lebensschule« sind:

So plant man sein Leben richtig

Neun Schritte zu einem selbstbewußteren Leben
112 Seiten · TB 7720

So hat man mehr Spaß am Sex

Die sieben praktischen Regeln, wie man das Liebesspiel spielt, ohne viel darüber zu reden
112 Seiten · TB 7719 (Juni 1987)

So lernt man, sich selbst zu lenken

Sechs einfache Techniken, sein Leben zu ändern
96 Seiten · TB 7718

So wehrt man sich gegen Manipulationen

Strategie und Technik, im Alltag erfolgreich zu sein
112 Seiten · TB 7717

Die beständige Auseinandersetzung mit sich selbst ist die Grundlage von Kirschners Lebensschule. Ein ganz wichtiges Element dieser Lebensschule ist das Festhalten von Gedanken und Vorstellungen, das Sich-Klarwerden über die eigene Situation: Erst durch Niederschreiben werden die Probleme deutlich, die Lösungswege konkret wirksam.